Hans Driesch

Geschichte des Vitalismus

Bertram Bücher

Hans Driesch

Geschichte des Vitalismus

**Erster Hauptteil des Werkes
„Der Vitalismus als Geschichte
und als Lehre"**

herausgegeben
von Dirk Bertram

Bibliografische Information der Deutschen Nationalbibliothek:

Die Deutsche Nationalbibliothek verzeichnet diese Publikation in der Deutschen Nationalbibliografie; detaillierte bibliografische Daten sind im Internet über http://dnb.dnb.de abrufbar.

© 2022 herausgegeben von Dirk Bertram, Ennigerloh (NRW)
Herstellung und Verlag: BoD – Books on Demand, Norderstedt

ISBN: 978-3-7568-4234-6

Diese Ausgabe basiert auf:
Driesch, Hans, „Geschichte des Vitalismus", Band III der „Natur- und kulturphilosophischen Bibliothek", Verlag von Johann Ambrosius Barth, Leipzig, 1922
Ohne die griechischen Zitate der Originalausgabe, insbesondere von Aristoteles.

Vorwort zur ersten Auflage.

Als die Verlagsbuchhandlung mich zur Übernahme eines Bandes der „Natur- und kulturphilosophischen Bibliothek" aufforderte, sah ich darin einen willkommenen Anlaß, ein lange gehegtes Vorhaben zur Ausführung zu bringen: Die ältere vitalistische Literatur gründlicher und nicht nur in Bruchstücken kennenzulernen, war seit längerem meine Absicht; hier bot sich ein realer Antrieb zu solchem Studium in der Gelegenheit, die Früchte desselben zugleich nutzbar zu machen für weitere Kreise. Auch war es mir lieb, einmal die Gesamtheit meiner Ansichten über das Leben in systematischer Form darstellen zu können für einen Leserkreis, welcher weiter als der eigentlich naturwissenschaftliche ist.

So ist denn diese „Geschichte" und diese „Lehre" des Vitalismus entstanden.

Durchaus anspruchslos treten die Ergebnisse meiner historischen Studien auf und wünschen auch so aufgenommen zu werden. Ich bin kein Historiker, und nichts liegt diesem Buche ferner als die Absicht sachlich-geschichtlicher Vollständigkeit. Meine wissenschaftlichen Freunde wundern sich vielleicht überhaupt, wie gerade ich, der ich über historische Elemente in den eigentlichen Naturwissenschaften stets sehr abweisend geurteilt habe – und noch urteile –, dazu komme, Geschichte zu schreiben.

Ich denke aber, es ist denn doch wohl eine andere Sache um phantastische „Stammbäume" als um die Erkenntnis dessen, was große Männer der Vorzeit über die Fragen gedacht haben, die auch unser Leben ausfüllen, Hier, wie in vielen Gebieten der Menschheitsgeschichte überhaupt, bekommt Historie einen ganz unmittelbar persönlichen Wert.

Und im Sinne des mir persönlich Wertvollen sind denn auch diese geschichtlichen Skizzen geschrieben.

Um durchaus unbefangen zu bleiben, habe ich kein einziges größeres Kompendium der Geschichte der Medizin[1] bei meinen Studien benutzt. Nur der kleine historische Abriß in W. Preyers „Allgemeiner Physiologie", welcher übrigens mit Vorsicht zu benutzen ist, und die vortrefflichen Aufsätze von W. His: „Die Theorien der geschlechtlichen Zeugung" (Archiv für Anthropologie, Bd. IV 1870 S. 197 und 317 und Bd. V 1872 S. 69) dienten mir zur allgemeinen Orientierung. Von historischen Sonderstudien ist nur die im Text genannte ausgezeichnete Bonnet-Monographie Whitmans von mir benutzt worden.

Rudolf Burckhardt vor allem hat in jüngster Zeit das Interesse an Biologiegeschichte neu belebt; seine Arbeiten gehen aber das Klassifikatorische und im engeren Sinne Morphologische an, und die große Monographie seines Schülers Bloch behandelt eine Zeitepoche, die ich in meinen Studien bewußt ausschaltete.

Von Bedeutung ist es immer, wenn namhafte Forscher selbst, sei es auch nur skizzenhaft, sich über Geschichte ihrer Wissenschaft äußern: in diesem Sinne findet sich vieles Wertvolle bei Haller, Blumenbach und Burdach. Die historischen Exkurse in Claude Bernards „Leçons sur les phénomènes de la vie" bieten eine gute Ergänzung zu meiner Arbeit, zumal im Hinblick auf den französischen Vitalismus des achtzehnten Jahrhunderts und sein Gegenstück.

So sind denn also vornehmlich, ja beinahe lediglich, die Originalia unserer Vorarbeiter meine Quellen gewesen. –

Soll ich zu dem besonderen Inhalt dieses Buches etwas Persönliches bemerken, so mag es nur dieses sein,

---

[1] Die Geschichte der Zoologie von V. Carus kam nicht in Frage, da sie nur auf die klassifikatorischen und deskriptivmorphologischen Bestrebungen Rücksicht nimmt.

daß die Auseinandersetzung mit Kants „Kritik der Urteilskraft" mir mehr als alles andere am Herzen gelegen hat. Ich selbst kann nicht beurteilen, ob der Erfolg der Bemühung entspricht. –

Viel Geschichte treiben mag unproduktiv machen, aber keine Geschichte treiben bedeutet vieles sagen, was bereits, und wohl gar besser, gesagt war. Zwar kann Biologiegeschichte nie in dem Grade die Wissenschaft selbst sein, wie Geschichte der Mechanik das ist; aber ganz und gar vom Zufall hängt darum doch auch sie nicht ab: auch in ihr gibt es ein Sich-selbst-vollenden der Grundgedanken. Es scheint mir in diesem Sinne von ganz besonderer Bedeutung zu sein, daß klar erkannt werde, wie im großen und ganzen der ältere Vitalismus dieselbe begriffliche Entwicklung nahm, welche unser neuer Vitalismus nehmen muß. Nur sind unsere kritischen Ansprüche gewachsen und ist das verarbeitete Detail jetzt ein anderes und dazu unermeßlich reicher: freilich gestattet gerade dieses Detail die Beweise des neuen Vitalismus.

Heidelberg, am 4. Januar 1905.

Hans Driesch.

Vorwort zur zweiten Auflage.

Die zweite Auflage meines Buches von 1905 mußte sich, wie die Dinge inzwischen gegangen waren, auf eine verbesserte, in manchem erweiterte und bis auf die Gegenwart fortgeführte Darstellung der Geschichte des Vitalismus beschränken, konnte also nur die Neuauflage des „Ersten Hauptteils" des ursprünglichen Werkes sein. Hätte ich auch den zweiten, den systematischen Hauptteil neu auflegen wollen, so hätte ich mich selbst abschreiben müssen; denn in meiner Schrift vom Jahre 1919 *Der Begriff der organischen Form* gab ich ein kurzes System des Vitalismus in einer Weise, wie sie meinen heutigen Anschauungen entspricht. Für diejenigen aber, welche sachlich tiefer dringen wollen, ist ja die, seit 1921 in teilweise umgearbeiteter zweiter Auflage vorliegende, *Philosophie des Organischen* vorhanden.

Ich habe die Geschichte des Vitalismus nach der philosophischen Seite hin erweitert. Abschnitte über Descartes, Leibniz, den deutschen Idealismus sind eingeschoben; kurze Abschnitte freilich, denn mein Buch will in erster Linie Wissenschaftsgeschichte bringen, nicht Philosophiegeschichte. Das Kapitel über Kant, schon früher das längste, wurde noch ausgebaut. Die Hauptaufgabe war die Fortführung der Geschichte bis auf die Gegenwart. Da war Auswahl und Klassifikation nicht immer ganz leicht; ich hoffe, daß mir beide geglückt sind. Vielleicht wird man sagen, ich hätte die ältere Geschichte des Vitalismus jetzt breiter fassen, hätte früher nicht genannte Vertreter heranziehen sollen. Aus zwei Gründen habe ich das nicht getan. Einmal wollte ich auch jetzt kein vollständiges Geschichtswerk, sondern nur eine historisch gegründete Typenlehre schreiben; und dann haben wir ja in E. Rádls ausgezeichneter „Geschichte der biologischen Theorien" das Werk, welches allen Ansprüchen, die man an ein eigentliches biotheoretisches Geschichtswerk stellen kann, genügt.

Die erste Auflage dieses Buches ist ins Polnische, Italienische, Russische und Englische übersetzt worden. Nur die italienische und die englische Ausgabe kenne ich. In beiden ist der (jetzt für die deutsche Ausgabe, wie begründet wurde, fortgefallene) systematische Teil anders als im deutschen Original gestaltet worden, weil ja eben inzwischen die „Philosophie des Organischen" erschienen war. Für die italienische Ausgabe hat der Übersetzer, Professor Stenta, vieles aus diesem Werke auszugsweise benutzt; für die englische Ausgabe schrieb ich den systematischen Teil selbst in gänzlich veränderter, von der Logik, nicht von der Empirie ausgehender Form neu nieder. Für den deutschen Leser konnte dieser Teil, wie gesagt, jetzt ganz fortbleiben; der Ausgang von der Logik findet sich nämlich auch in gewissen Teilen meiner eingangs erwähnten systematischen Werke.

Mein Dank gebührt dem Herrn Verleger für die große Bereitwilligkeit, mit der er sich zur Herausgabe dieser zweiten Auflage meines jetzt also rein historischen Werkes bereit fand.

Leipzig, am 15. Januar 1922.

Hans Driesch.

Inhalt.

Kritische Vorbemerkung: Die Arten des Zweckmäßigen 1

I. Der ältere Vitalismus. 8

  A. Aristoteles 8

  B. Die neue Wissenschaft und die neue Philosophie. Harvey. G. E. Stahl. 18

    Harvey 22

    Georg Ernst Stahl 26

  C. Vitalistische Lehren im Gefolge des Streites um „Evolution" und „Epigenesis". 31

    Leibniz. 34

    Button, Needham, Maupertuis. 37

    Caspar Friedrich Wolff. 42

    Bonnet, Haller. 46

    Blumenbach. 54

  D. Kants „Kritik der Urteilskraft". 62

  E. Vitalismus im Gefolge der Naturphilosophie. 87

    Die „idealistische" Philosophie. 90

    Oken. 92

    Reil (1759-1813). 94

    Treviranus. 96

    Der schulmäßige Vitalismus. 103

    Johannes Müller. 110

    Liebig. 115

    Schopenhauer. 117

    Des älteren Vitalismus Ende. 120

II. Die Kritik und die materialistische Reaktion. 123

    Lotze. 123

    Bernard. 128

    Die materialistisch-darwinistische Zeitströmung. 133

    Ausblick auf Psychologisches. 142

III. Der neuere Vitalismus. 145

  A. Die Tradition. 145

B. Die Stellung der Philosophie. 154

    Eduard von Hartmann. 154

    Andere Philosophen. 157

    Psychologen. 158

    Edmund Montgomery. 160

C. Antidarwinistische Dezendenztheoretiker. 163

D. Die Stellung der Physiker. 166

IV. Der "Neovitalismus". 169

A. Grundlegungen. 169

B. Vitalistische Systeme. 181

    a) Henri Bergson. 181

    b) Mein eigenes System. 183

C. Gegner. 186

    a) Philosophen. 186

    b) Naturforscher. 189

      α) Radikale Gegner. 189

      ß) Gegner mit Zugeständnissen, zum mindesten an
      eine Bedeutung des Teleologischen. 192

D. Verschiedene Formen des Neovitalismus. 195

E. Der Ausbau des vitalistischen Systems. 201

    a) Neue Tatsachen zur Grundlegung. 201

    b) Logischer Ausbau. 203

    c) J. v. Uexküll. 208

F. Die moderne Psychologie. 210

G. Ausblicke. 211

Kritische Vorbemerkung:

Die Arten des Zweckmäßigen.

Nicht die Frage, ob Lebensvorgänge das Beiwort „zweckmäßig" verdienen, macht das Problem des „Vitalismus" aus, sondern diese Frage: ob das Zweckmäßige oder besser das *Ganzheitsbezogene* an ihnen einer besonderen Konstellation von Faktoren entspringe, welche aus den Wissenschaften vom Anorganischen bekannt sind, oder ob es Ausfluß ihrer Eigengesetzlichkeit sei.

Denn daß es vieles „Zweckmäßige", vieles auf eine *Ganzheit* bezogene an Lebensgeschehnissen gibt, ist nichts anderes als eine Tatsache, die sich ohne weiteres aus der Definition jenes Begriffs und aus der Anwendung dieser Definition auf das Lebendige ergibt.

Im Sprachgebrauch des täglichen Lebens werden als zweckmäßig solche Handlungen bezeichnet, welche erfahrungsgemäß ein bestimmtes gewolltes Ziel mittelbar oder unmittelbar herbeiführen, oder von denen man das wenigstens annimmt. In letzterem Falle – dem Falle des „Probierens" – kann in Strenge erst nach Erreichung des Zieles davon geredet werden, daß diese oder jene Handlung zweckmäßig gewesen sei, woraus sich dann allerdings für die Zukunft unter gleichen Umständen ein von Anfang an zweckmäßiges Handeln ergibt. Ich beurteile alle Zweckmäßigkeit von Handlungen von mir aus; das heißt: ich weiß für mich, wann meine Handlungen das Prädikat zweckmäßig verdienen, da ich meine Ziele kenne; davon gehe ich aus. Handlungen anderer Menschen benenne ich mit jenem Worte, wenn ich ihr Ziel „verstehe", das heißt, wenn ich mir denken kann, daß es mein eigenes sein könne, und wenn ich sie mit Rücksicht auf dieses Ziel beurteile.

Nun beschränke ich aber die Anwendung des Wortes zweckmäßig nicht auf die Handlungen anderer Menschen, sondern dehne sie, schon im alltäglichen Leben, nach zwei Richtungen hin aus, und aus dieser Ausdehnung entspringt einmal die Anwendung des Wortes zweckmäßig auf Biologisches überhaupt, zum anderen entspringt aus ihr auch schon das biologische Grundproblem.

Ich nenne zweckmäßig sehr vieles an den Bewegungen der Tiere, und zwar nicht nur solche Bewegungen gewisser höherer Tiere, welche geradezu „Handlungen" benannt werden, sondern auch solche Bewegungsgruppen, welche ihrer festeren Geschlossenheit wegen nicht als Handlungen, sondern als „Instinkte", „Reflexe" oder ähnlich bezeichnet zu werden pflegen. Von da bis zu den Bewegungen der Pflanzen, etwa gegen das Licht hin oder vom Licht ab, ist nur ein Schritt, und nur noch einen Schritt weiter bedeutet es, wenn „zweckmäßig" auch die Wachstumsbewegungen genannt werden, welche in typischer Folge aus den Keimen die ausgewachsenen Organismen der Tiere und Pflanzen schaffen.

So sind denn also schließlich alle Geschehnisse an lebenden Wesen, welche nachweislich auf einen Punkt zulaufen, der in irgendeinem Sinne als „Ziel", als zusammengesetztes Ganzes gedacht werden kann, dem rein deskriptiven Begriffe der „Zweckmäßigkeit" unterstellt worden. Es ist nach allem Ausgeführten begreiflich, daß eine gewisse Willkür bei der Bezeichnung eines Geschehnisses als eines „Zweckmäßigen" unvermeidbar ist: wird doch durchaus analogienhaft hier vorgegangen. Doch schadet diese Willkür nicht viel, da ja, um das noch einmal zu sagen, nur eine Art von orientierender Beschreibung mit jener Bezeichnung beabsichtigt ist, noch nichts weiter.

Ein Ziel oder, objektiver gesprochen, ein Endganzes müsse für den als zweckmäßig bezeichneten Vorgang gedacht werden können, so sagten wir: eben damit ist nun der Begriff des Zweckmäßigen zwar auf sehr viele Vorgänge der verschiedensten Art ausgedehnt, andererseits aber auch auf das Organische eingeschränkt worden, wenigstens soweit sogenannte Naturdinge in Betracht kommen: jene mehr oder weniger der Willkür preisgegebene Denkbarkeit eines Zieles gibt es eben nur bei Organismen. Es ist das u. a. wesentlich darin begründet, daß zum Begriffe der Beziehung eines Geschehnisses auf ein reales Ziel neben seinem Eingeordnetsein in ein tpisch-zusammengesetztes Ganze praktisch auch sein Auftreten in beliebig vielen Fällen oder Exemplaren, kurz seine Mehrmaligkeit in ideell unbegrenztem Maße gehört, und zwar seine typische Mehrmaligkeit, ein Postulat, das eben bei den organischen Naturdingen und nur bei ihnen erfüllt ist.

Sehr viele biologische Vorgänge können also analogienhaft als „zweckmäßige" beschreibend gekennzeichnet werden.

Es werden nun aber als zweckmäßig beschreibend bezeichnet auch Vorgänge an gewissen nicht organischen Dingen, welche freilich keine Naturdinge engeren Sinnes sind – insofern nämlich hier überhaupt von einem Gegensatz zu „Natur" in nicht gerade strenger, aber verständlicher Form geredet werden kann – nämlich Vorgänge an von Menschen gefertigten Artefakten, z. B. Maschinen. Hier liegt die zweite Erweiterung des Begriffs zweckmäßig, von der wir redeten, und hier liegt zugleich der Ausgang der Aufrollung des biologischen Grundproblems.

Ich halte es nicht für geraten, die „Maschinen" als Dinge „zweckmäßig" zu nennen: für Vorgänge muß diese deskriptive analogienhafte Bezeichnung aufgespart bleiben; aber jedes Einzelgeschehnis an einer Maschine ist „zweckmäßig".

„Praktisch" mag die Maschine als Ganzes heißen; sie ist das Ergebnis zweckmäßiger Tätigkeit, nämlich menschlicher Handlung; daß sie eben für Vorgänge da ist, das unterscheidet sie von anderen menschlichen Artefakten, z. B. von Kunstwerken.

Also auch anorganische Dinge, nämlich von Menschen gefertigte, können Vorgänge aufweisen, welche das Prädikat der Zweckmäßigkeit verdienen. Es ist klar, daß hier die Zweckmäßigkeit jedes einzelnen Vorganges auf der spezifischen Ordnung der spezifischen Teile der Maschine beruht, daß sie durch diese gegeben ist; anders gesagt: jeder einzelne Vorgang in der Maschine ist nur zweckmäßig, insofern er sich als Glied eines höheren spezifischen Ganzen abspielt, und er tut das vermöge der gegebenen Struktur oder Tektonik dieses Ganzen.

Unsere Betrachtungen haben uns jetzt zu dem Punkte geführt, an dem dasjenige Problem, welches wir das biologische Grundproblem genannt haben, in unseren Gesichtskreis tritt. Eine ganz prinzipielle Frage drängt sich uns auf: Sind etwa die als zweckmäßig bezeichneten Vorgänge an Organismen zweckmäßig nur vermöge einer gegebenen Struktur oder Tektonik, einer „Maschinerie" also im weitesten Sinne, auf welcher als Basis sie sich abspielen, ebenso wie ja nur in diesem Sinne die Vorgänge an einer von Menschen gefertigten Maschine zweckmäßig sind; oder liegt eine andere besondere Art des Zweckmäßigen im Bereiche des organischen Lebens vor?

Man sieht: erst jetzt soll etwas über endgültige Gesetzlichkeit des Geschehens entschieden werden, bisher wurde nur in mehr äußerlicher Weise analogienhaft beschrieben.

Denn es kann gar nicht oft genug wiederholt werden, daß bloße Behauptung von Zweckmäßigkeit, bloße „Teleologie" also, um nunmehr den üblichen Kunstausdruck einzuführen, nur beschreibt. Ausdrücklich als deskriptiv-teleologisch mag daher in diesem ganzen Buche jede bloß über das Dasein von Zweckmäßigkeiten aussagende Ansicht bezeichnet werden. Deskriptive Teleologie läßt das wichtigste noch offen, für das Lebendige insbesondere diese Frage: sind nur vermöge ihrer gegebenen Ordnung die Lebensvorgänge „teleologisch" zu beurteilen, nur weil ihnen eine gegebene Maschine zugrunde liegt, während jeder einzelne von ihnen ein echter physikalischer oder chemischer Vorgang ist, oder sind Lebensvorgänge kraft einer unauflösbaren Eigengesetzlichkeit „zweckmäßig".

Als statische und als dynamische Teleologie seien diese Gegensätze in Zukunft im Unterschiede von bloß deskriptiver Teleologie bezeichnet; wer will, mag auch von vorgebildeter und nichtvorgebildeter Zweckmäßigkeit bzw. Ganzheitsbezogenheit reden.

Die statische Teleologie führt zu einer „Maschinentheorie der Organismen"; Lebensgeschehen und seine Ordnung ist ihr nur ein besonderer Fall der auch sonst maßgebenden Geschehensgesetzlichkeiten und der allgemeinen Ordnung der Welt; die Konstellation aller einzelnen Weltelemente ist einmal so, daß auch die als „Leben" zusammengefaßten Vorgänge dabei herauskommen. Das Leben ist dieser Auffassung nur als Kombination, nicht seiner Gesetzlichkeit nach etwas Besonderes. Die Frage, „woher" die gegebene Ordnung komme, mit welcher statische Teleologie operiert, ist unlösbar; eben diese Umstandes wegen erscheint die Lebensmaschine denn doch als etwas anderes wie technische Maschinen, deren Herkunft man kennt, mag die Art der Zweckmäßigkeit des Geschehens, an beiden, nach Ansicht der teleologischen Statiker, die gleiche sein.

Die dynamische Teleologie führt zu dem, was meist „Vitalismus" genannt wird; sie führt zur Einsicht in die „Autonomie der Lebensvorgänge".

Welche beider Auffassungen vom Leben ist richtig, welche falsch?

Wie frühere Zeiten diese Frage entschieden haben, das darzustellen ist der Zweck dieses Buches, und auf solche Darstellung vorzubereiten, war der Zweck dieser Einleitung.

Wir haben nämlich mit dem Ergebnis dieser Einleitung, mit der Einsicht nämlich, daß es eine statische und eine dynamische Teleologie logisch geben könne, gleichsam ein Reagens in Händen, ein Mittel, mit welchem wir jeden historisch dargebotenen Ansichtenkomplex prüfen können daraufhin, was er denn eigentlich bedeute, und solches selbst dann, wenn einem Autor selbst, was nicht selten vorkommt, die Begriffe deskriptiv-, statisch und dynamisch-teleologisch nichts weniger als geklärt waren.

Zur Erleichterung der historischen Analyse und damit zur Erleichterung des Verständnisses überhaupt ist also diese logische Eingangsbetrachtung allem vorangestellt worden; sie soll durchaus etwas Vorläufiges, nicht etwa unsere letzte Ansicht über „Zweckmäßigkeit", bedeuten.

Wenn wir uns nunmehr der Betrachtung der Entwicklung des älteren Vitalismus zuwenden, so darf wohl ein für allemal bemerkt sein, daß unserer Betrachtung weniger am Persönlichen als, wenn das Wort erlaubt ist, am Ansichtstypischen gelegen ist, daß sie daher auf Vollständigkeit im Sinne wahrhafter „Geschichte" engeren Sinnes kein Gewicht, auf passende Auswahl des Gebotenen dagegen einen um so größeren Nachdruck legt.

Wenn, trotz unserer Absicht auf Typisches, ein nicht nur historischer, sondern gleichzeitig logisch fortentwickelnder Charakter, wie er in bekannten Geschichten der Mechanik oder der Wärmelehre geboten ward, unserer Darstellung unerreichbar bleibt, so wird solchen Mangel wohl nur tadeln können, wer die sachlichen Sonderheiten der in Frage kommenden Gebiete nicht kennt. Die Mechanik ist, wenigstens soweit ihre „Prinzipien" in Frage kommen, eine zum großen Teil aprioristische, „selbstevidente" Wissenschaft, und von wichtigen Teilen der Physik, der „Thermodynamik" zumal, gilt das gleiche; hier ist Entdeckung gewissermaßen nur Selbstklärung, Zufälligkeiten spielen wenig, bei den grundlegenden Prinzipien fast gar nicht, in die geschichtliche Entwicklung der Einsichten hinein. Die Biologie andererseits ist in ihrem Fortschritt in hohem Grade von Zufälligkeiten, von „Entdeckungen" engeren Sinnes abhängig, und wenn ihre Geschichte auch nicht nur aus solchen besteht, so sind dieselben doch geeignet, das eigentlich Logische an ihrem Fortschreiten zum mindestens zu verschleiern.

I. Der ältere Vitalismus.

A. Aristoteles

Einer auf das Typische gehenden Geschichtsdarstellung des Vitalismus kann Aristoteles als Vertreter des Altertums überhaupt gelten. Zugleich aber sind seine Ansichten über biologische Dinge die Grundlage alles Theoretisierens bis ins achtzehnte Jahrhundert hinein, so daß er mit vollem Recht auch als Vertreter der mittelalterlichen und der frühmodernen Auffassungen des Lebendigen gelten kann. Darum ist die Analyse der aristotelischen Lebenstheorie einer der Grundpfeiler jeder Geschichtsschreibung über Biologie.

Für unsere Zwecke kommen neben einigen Abschnitten der „Metaphysik" Teile der Schrift „Über die Entstehung der Tiere" und die Schrift „Über die Seele" in Betracht[1].

Wir werden die in dem von der Entstehung der Tiere handelnden Werke niedergelegten theoretischen Ansichten zuerst analysieren, um uns dann, nachdem wir gesehen haben werden, wie Aristoteles hier alles auf Leistungen der „Seele" zurückführt, den tiefer dringenden Darlegungen des zuletzt genannten Buches zuzuwenden.

Es ist von hohem Interesse, zu gewahren, wie schon der erste Vertreter eines wissenschaftlichen „Vitalismus" seinen Ausgang von den Problemen der Formbildung, der Embryologie oder Ontogenie in moderner Sprechweise, nimmt. Schon hier ist Aristoteles typisch, und zwar ist er hier nicht nur ein typischer Vertreter des Altertums und des Mittelalters, sondern auch ein typischer Vorläufer jeder vitalistischen Theorie bis in die allerjüngste Zeit: neben den Phänomenen der tierischen

---

1 „Von der Zeugung und Entwicklung der Tiere", Griechisch-deutsche Ausgabe von Aubert und Wimmer. Leipzig 1860. –„Drei Bücher über die Seele". Deutsch von Kirchmann. Berlin 1871.

koordinierten Bewegungen sind stets die Erscheinungen der Formbildung aus dem Keim der Urausgang alles Vitalismus gewesen. –

Männchen und Weibchen tragen beide, aber in verschiedener Weise, zur Zeugung bei, indem beide Samen ausscheiden. Aber die weibliche Ausscheidung, als welche Aristoteles den Monatsfluß deutet, liefert nur den Stoff zur Erzeugung, die männliche bedingt die Form und den Ursprung der Veränderung; man sieht: den beiden grundlegendsten Begriffen des Stagiriten begegnen wir, in besonderer Ausgestaltung, auch hier.

Vom ganzen Körper her, wie behauptet worden war, braucht der Same nicht zu kommen, denn „warum kann nicht der Same von Haus aus so beschaffen sein, daß aus ihm Blut und Fleisch werden kann, ohne daß er selbst Blut und Fleisch zu sein braucht?" Die Mischung der männlichen und weiblichen Ausscheidung ergibt den Keim; die Sonderung der Keime in Eier und Würmer, je nachdem das Junge aus einem Teil oder aus dem Ganzen des Keimes entsteht, wobei denn im ersteren Fall der Rest als Nahrung diene, hat für uns hier kein tieferes Interesse.

Welche Rolle spielt nun im einzelnen der männliche Same bei der Entwicklung, jenes „Höhere und Göttlichere", das sich nicht irgendwie stofflich an ihr beteiligt?

Hier beginnt des Aristoteles Entwicklungstheorie. –

Eine klare Fragestellung leitet sie ein:

„Dieser Punkt nun fordert eine genauere Untersuchung, auf welche Art denn eine jede Pflanze oder jedes Tier aus dem Samen entsteht. Denn notwendig muß jedes Entstehende aus Etwas entstehen und durch Etwas und als Etwas". Das, woraus es entsteht, ist der von der Mutter gelieferte Stoff. „Es handelt sich aber hier nicht sowohl darum aus was, sondern durch was die Teile entstehen."

Daß nun dieser maßgebende Faktor, durch den die Teile entstehen, etwas außerhalb des Samens Befindliches sei, wird als widersinnig abgelehnt; also liegt er in ihm, und zwar nicht als etwas von ihm Gesondertes, sondern als ein wahrer Teil von ihm selbst, der auch in das Junge als Teil desselben übergeht.

Aristoteles weiß durch mannigfache Beobachtungen, daß die embryonalen Teile nicht alle zugleich da sind, sondern sichtbarlich nacheinander entstehen: er ist also, um modern zu reden, deskriptiver „Epigenetiker". Wie entstehen diese Teile nun?: „bildet der eine den anderen, oder entstehen sie nur schlechthin nacheinander?" Unser Forscher entscheidet diese etwas dunkle Frage kurzerhand dahin, daß nicht etwa das Herz, welches der erste sichtbare Teil des Embryos sei, die Leber mache, und diese wieder einen anderen Teil, „sondern der eine Teil wird nach dem anderen, wie nach dem Knaben der Mann kommt, aber nicht durch jenen entsteht". Denn im anderen Falle müsse ja, ganz abgesehen davon, daß es an einem Grund für die Entstehung des Herzens fehlen würde, Art und Gestalt der Leber im Herzen sein: „In allem nämlich, was durch die Natur oder durch die Kunst hervorgebracht wird, entsteht ein der Möglichkeit nach Seiendes durch ein in Wirklichkeit Seiendes".

Hier wird uns das zweite grundlegende Begriffspaar der aristotelischen Philosophie, werden uns die Begriffe Dynamis und Entelechie in embryologischem Rahmen vorgeführt. Wir sind also mit einem Male auf Grundprobleme, aber auch auf Grundschwierigkeiten der aristotelischen Philosophie überhaupt gekommen und müssen daher unsere fortschreitende biologische Darstellung kurz unterbrechen:

Es handelte sich früher um *Stoff* und *Form* und handelt sich jetzt um *Möglichkeit* und *Wirklichkeit:* Hyle und Eidos, Dynamis und Entelechie. Dynamis bedeutet nun bei Aristoteies nicht das, was in neuerer Sprache in

Begriffen wie Potential oder potentielle Energie zum Ausdruck kommt, wenigstens nicht nur und jedenfalls hier, an der von uns herangezogenen Stelle, nicht. Der Begriff der Dynamis ist viel weiter: er umfaßt die Möglichkeit, etwas zu erleiden. Der „Dynamis" nach ist auch im Marmorblock die Statue enthalten, ja gerade dieser Sinn des Wortes ist es, an den Aristoteles, wie sich noch zeigen wird, an unserer Stelle ausschließlich denkt. Entelechie aber ist das im höchsten Sinne „Seiende" einschließlich des ihm innewohnenden Strebens nach realer Ausgestaltung: in diesem Sinne „ist" die Statue vor ihrer Realisation im Geiste des Bildhauers. Man sieht, daß eher noch als der Begriff der Dynamis derjenige der Entelechie dem modernen Begriff des Potentiellen entspricht, obschon auch nicht völlig. Aristotelisch gesprochen, kann man die Entelechie am besten als dynamisch, als „sich äußernd" oder doch „sich äußern könnend" gedachte „Form" bezeichnen.

Doch liegen tiefere logische Untersuchungen uns hier ja fern, und so fahren wir denn in der Darstellung fort:

Es liegt eine offenbare Schwierigkeit darin begründet, daß, wie erörtert, nicht ein Teil des werdenden Körpers die Entstehung des anderen bedingen soll, denn damit ist eigentlich gesagt, daß der Grund für die Differenzierung der Teile, um kurz zu sprechen, nicht im Samen gelegen sei; sollte ja doch der Samen als wahrer Teil des werdenden Körpers angesehen werden. Es war aber früher auch gesagt, daß dieser Grund nicht außerhalb des Samens liegen könne.

Wie löst sich dieser Knoten?

Er löst sich wohl dadurch, daß unter gewissen Umständen doch „Etwas durch ein außer ihm Seiendes" entstehen kann.

Und nun bringt Aristoteles in viel allgemeinerer Form als früher jenes Geschehensschema wieder hervor, welches er für den besonderen Fall des Entstehens eines Organs aus dem anderen, also etwa der Leber aus dem

Herzen, nicht als anwendbar erachtete: „es gibt etwas, was die Teile bildet, aber nicht in der Art, daß es ein individuelles Wesen wäre, oder als der erste vollendete Teil in ihm vorhanden wäre"[1], vielmehr ist die Formbildung als Ganzes nach Art der Kunstschöpfungen zu beurteilen:

„Wie aber jeder Teil entsteht, muß man aus dem Grundsatze herleiten, daß alles, was von Natur oder durch Kunst wird, durch ein in Wirklichkeit Existierendes aus einem der Anlage nach ebenso Beschaffenen entsteht. Der Same nun ist ein solches Wesen, und hat ein solches Bewegungsprinzip, daß, wenn der Anstoß der Bewegung aufhört, ein jeder Teil, und zwar als beseelter wird."

Das also ist die Grundlehre der aristotelischen Entwicklungstheorie. Die Ansicht, daß und wie jeder organische Teil beseelt sei, daß also z. B. ein totes Auge nur noch uneigentlich so genannt werde, tritt zunächst zurück gegen die Hauptsache: Der Same bildet den Körper durch eine Art von Beseelung aus dem von der Mutter gelieferten Stoffe, und er tut das kraft eines besonderen „Form"-Prinzips; dieses Prinzip nun hat er von einem anderen, dem wahren „in Wirklichkeit Existierenden" her; er spielt also eine Art Mittlerrolle. Das „in Wirklichkeit Seiende", von dem alles ausgeht, aber ist der Erzeugende oder vielmehr dessen Seele.

Eine Lücke im Text schneidet hier die weitere Darlegung ab; das Wesentliche lag wohl schon vor.

Alle Entwicklung hat also die größte Ähnlichkeit mit der Produktion von Kunstwerken; Aristoteles kommt immer wieder auf dieses Gleichnis. Interessant ist zu bemerken, wie er dem Anteil der unbelebten Faktoren sowohl an Entwicklung wie an Kunstproduktion durchaus

---

1 Die Übersetzung erscheint hier wenig zutreffend.

zutreffend gerecht wird: Härte, Weichheit und anderes könne wohl Wärme oder Kälte bewirken, aber nicht die „Wesenheit" z. B. von Knochen, ebenso wie Wärme und Kälte zwar das Eisen hart und weich mache, aber noch kein Schwert schaffe.

Der Unterschied zwischen Kunst- und Naturwerk wird trotz allem nicht übersehen: „die Kunst ist Ursprung und Gestalt des Werdenden, aber in einem anderen, die Bewegung der Natur aber hat in dem Ding selbst statt, ausgehend von einem zweiten Wesen, welches diese Gestalt schon in Wirklichkeit hat." –

Es wird nicht verkannt werden können, daß des Aristoteles Entwicklungstheorie nicht von allen Dunkelheiten ganz frei ist; ja, ich glaube die Behauptung wagen zu dürfen, daß Dunkelheiten in der vorstehenden Erörterung sicherlich nicht nur meiner Darstellungsart zuzuschreiben sind, mag dieselbe noch so verbesserungsfähig sein. Was trotz allem in höchste Bewunderung für den großen Griechen versetzt, das ist das überall sichtbare Ringen nach Klarheit in dieser schwierigsten aller Naturfragen, dieses fortwährende Hin- und Herwenden und Vertiefen derselben Fragen, diese feinste logische Subtilität. Wie plump ist vieles Neuere dagegen! –

Wie der Same im einzelnen die Entwicklungsbeseelung leistet, das wird recht kurz von Aristoteles abgemacht: er setzt die Ausscheidung der Gebärmutter in dieselbe Bewegung, in der er selbst sich befindet. Solches geht an, weil ja das Weibchen gleichsam ein verstümmeltes Männchen ist und sein Monatsfluß Samen ist, dem eben das Prinzip der Seele fehlt.

Bedeutsamer für uns sind jene verschiedenen Stufen von „Seele", welche gewissermaßen die verschiedenen Stufen des Organischen kennzeichnen: Die Pflanzen haben zeitlebens und die Tiere im Anfang nur die Ernährungsseele, welche zugleich Wachstumsseele und auch mit jener im Samen als Prinzip vorhandenen Zeugungsseele identisch ist. Später bekommen die Tiere dazu die

Empfindungsseele verbunden mit der begehrenden; kraft dieser eben sind sie Tiere. Der Mensch allein besitzt als drittes Vernunft, sie· allein ist „von außen" gekommen und ist „göttlich".

Doch sind wir damit bereits in die eigentliche Seelentheorie des Aristoteles eingetreten, aus welcher wir an der Hand der drei Bücher „Über die Seele", wenigstens einiges zur Vertiefung alles Gesagten hier beibringen müssen.

Der Besitz einer der genannten Seelenstufen genügt bereits, um einen Körper zu einem lebendigen zu machen, denn Leben ist im allgemeinsten Sinne „die Ernährung und das Wachsen und Abnehmen eines Dinges durch sich selbst". Besitzt er mehrere Seelenstufen, so sind immer in der höchsten alle niederen mit enthalten, „wie im Viereck das Dreieck" mit enthalten ist, und zwar dient jede niedere Stufe der höheren als Werkzeug, wie denn schließlich die Körper nur Werkzeuge des Seelischen sind und „nur der Seele wegen da sind".

Daß die Seele als „vollendete Wirklichkeit", als „Entelechie" den Körper organisiere, ward schon in der Entwicklungstheorie erläutert; auch jetzt, in noch höherem Sinne, nennt Aristoteles wieder die Seele „gleichsam den Anfang der lebenden Wesen", um dann zu seiner berühmten Definition zu gelangen, daß in allgemeinstem Sinne die Seele die „erste vollendete Wirklichkeit eines dem Vermögen nach lebendigen Naturkörpers, und zwar eines solchen, der Organe hat", sei.

Damit ist in der Tat, wenn man die Worte richtig wendet, alles gesagt, was der große Denker sagen will: die Seele ist zureichender Grund des Daseins und des Soseins und des Sichsoverhaltens des organischen Körpers in jeder Beziehung. Sie ist im höchsten Sinne „Wirklichkeit", und zwar „wie die Wissenschaft, nicht wie das gegenwärtige Wissen".

Die Frage, ob Seele und Körper Eins seien, hat so wenig Sinn wie in bezug auf das Wachs und seine Gestalt. Sie kann nicht ohne Körper sein, sie ist aber nicht der Körper, sondern etwas am Körper; „wäre das Auge ein lebendiges Wesen, so würde das Sehen seine Seele sein, da dieses das begriffliche Sein des Auges ist, und das Auge wäre dann der Stoff des Sehens".

Der Vernunft des Menschen als höchster Seelenstufe dienen alle niederen Seelenstufen, wie schon gesagt, als Werkzeuge; die Leidenschaften gehören diesen niederen Stufen an: nicht die höchste Seele also „zürnt oder bemitleidet, sondern der Mensch mittels der (niederen) Seele"; auch kommt das Alter nicht davon, daß die höchste Seele etwas erlitten hat, sondern der Körper, worin sie ist; „das Denken und Überlegen wird im Alter nur schwach, weil ein anderes im Inneren verdirbt, es selbst ist leidlos".

Nur die Vernunft, wie sie ja auch von außen gekommen und göttlich ist, ist unsterblich: „wenn dieses Wesen untergeht, so hört Erinnern und Leiden auf, denn es gehört nicht zur Vernunft, sondern nur zu dem Gemeinsamen, was untergegangen ist."

Man beachte hier, was freilich des näheren in die allgemeine Metaphysik gehört, daß Aristoteles nicht, wie wir heute, den großen Einschnitt im Reiche des Lebendigen zwischen Gestaltungskräften und Seele setzt, sondern zwischen Gestaltungskräften + niederen Seelenvermögen und Vernunft. Auch ist nicht zu vergessen, daß Aristoteles zwar insofern „Dualist" ist, als ihm der begriffliche Gegensatz zwischen Form und Stoff ein Urgegensatz ist, daß er aber realiter keinen „Stoff" ohne „Form" kennt. Er ist also, wenn man so will, auch „Vitalist" für das Anorganische, so daß ihm schließlich der einzige große Einschnitt in der empirischen Wirklichkeit überhaupt zwischen dem Geist und allem anderen liegt. Nach der anorganischen Seite hin war das ein Mangel; er kennt Mechanik auch da nicht, wo sie zu

Recht besteht.

Solches muß genügen, um uns über des Aristoteles Ansicht vom Leben im weitesten Sinne aufzuklären; auf feinere logische Untersuchungen über die Begriffe Dynamis, Entelechie und Energie einzugehen, kann hier nicht der Ort sein, ebenso wenig auf intimere Erörterungen über Stoff, Form und Wesen; für Hegel ist in dieser Hinsicht bekanntlich das aristotelische Denken maßgebend geworden. –

Des Aristoteles Lebenslehre ist ein reiner Vitalismus, und zwar möchte ich ihn ursprünglichen oder naiven Vitalismus nennen, da er aus ganz unbefangenem Betrachten der Lebensphänomene heraus erwachsen ist, nicht im Kampf gegen andere Doktrinen. Nur ganz gelegentlich, wie z. B. bei jener Bemerkung, daß doch Wärme und Kälte nicht ein Schwert mache, zeigt sich dem aufmerksamen Beobachter, daß Aristoteles bei seinem Theoretisieren überhaupt Gegner hatte[1]: wir wissen, daß die Materialisten der Schule Demokrits solche Gegner waren, wie deren in Epikurs Schule später viele erstanden. Vielleicht hielt Aristoteles, auf seiner biologischen Sachkenntnis gegenüber den luftigen Thesen der Demokritianer fußend, eine eingehende Widerlegung für überflüssig. Immerhin hätte er für die unbelebte Seite der Natur von ihnen lernen können. –

Gegen Ende seines Buches von der Tierentwicklung faßt Aristoteles einmal kurz zusammen, was seine Naturauffassung von derjenigen gegenerischer Philo-

---

1 In der Schrift über die Seele bekämpft er einmal des Demokrit Ansicht, daß die Seele ortsbewegt sein müsse, da sie bewegen könne. Es gäbe einmal nicht nur Ortsbewegung, sondern vier Arten Bewegung, nämlich außer ihr Veränderung, Zunahme und Abnahme, und ferner sei nicht einzusehen, weshalb das Bewegende selbst bewegt sein müsse.

sophen unterscheidet, eine Stelle, welche hier folgen möge, da sie zugleich ein guter kurzer Ausdruck seines Vitalismus, seiner Lebensautonomielehre ist:

„Es ist in den geordneten und gesetzlichen Werken der Natur ein Jegliches nicht deswegen so beschaffen, weil es mit solchen Eigenschaften entsteht, sondern vielmehr, weil es ein so Beschaffenes ist, deshalb entsteht es mit solchem Eigenschaften: denn die Entstehung und Entwicklung richtet sich nach dem Wesen und ist um des Wesens willen, nicht aber dieses nach der Entstehung. Die alten Naturforscher hatten aber die entgegengesetzte Meinung, weil sie nicht erkannt hatten, daß es mehrere Ursachen gibt, sondern weil sie nur die stoffliche und die bewegende und auch diese nicht nach ihren Unterschieden kannten, die des Begriffs und des Zwecks aber außer acht ließen.[1]"

Wir Neueren werden uns aus des Demokrit Lehrsystem immerhin den Begriff der Naturnotwendigkeit zu eigen machen, welchen Aristoteles nicht in genügender Strenge hat, mögen uns schon die schematischen materialistischen Behauptungen nichts angehen. –

Die Bedeutung des biotheoretischen Systems des Aristoteles kann gar nicht hoch genug eingeschätzt werden. Obschon von Plato ausgehend, verdrängte er wegen seiner schärferen logischen Begriffsmittel gerade in bezug auf im engeren Sinne Naturwissenschaftliches dessen Einfluß völlig: er hat in seinem Begriff der „Entelechie" das Band zwischen „Idee" und Wirklichkeit geschaffen, welches bei Plato fehlt; und eben diese Schöpfung brauchte die theoretische Naturforschung.

Aristoteles ist auch in biologischen Dingen – wie in so vielen anderen – die Autorität bis ins siebzehnte, ja

---

1 Hierzu vergleiche man die berühmte vierteilige Definition des Ursächlichen im ersten Buche der Metaphysik.

für viele bis in die Mitte des achtzehnten Jahrhunderts. Wir werden in unseren folgenden Betrachtungen immer und immer wieder seine Ansichten in wechselndem Gewande erblicken.

Daß man von neueren Forderungen aus sagen möchte: Aristoteles behaupte doch eigentlich mehr, als er beweise, tut begreiflicherweise seinem Einfluß auf eine Zeit, die es mit dem Beweisen überhaupt nicht so gar streng nahm, keinen Abbruch. Und wir, die wir stolz darauf sind, es mit dem Beweisen streng zu nehmen, deren intellektuelles Gewissen sehr fein geworden ist: auch wir werden im Verlaufe unserer Untersuchungen zu der Einsicht kommen, daß Aristoteles jedenfalls sehr richtig „behauptet" habe. –

B. Die neue Wissenschaft und die neue Philosophie. Harvey. G. E. Stahl.

Was Altertum und neuere Zeit in wissenschaftlicher Hinsicht wirklich fundamental scheidet, das ist das mit Galilei beginnende quantitative und analytische Denken über Naturvorgänge; man könnte auch sagen, es sei die Gewinnung des Begriffes des Naturgesetzes in der neueren Zeit.

Gewiß kannte das Altertum einzelne quantitative Naturbeziehungen, wie das Hebelgesetz und den Begriff des spezifischen Gewichtes; aber es blieb hier eben beim einzelnen: vollständig und allgemein ist von den Alten unter allen auf die Natur bezüglichen Wissenschaften[1] nur die Geometrie und einiges aus der Statik entwickelt worden.

Es ist nun bekannt und in zwei vorzüglichen Werken

---

1 Ich sage nicht „Naturwissenschaften".

eingehend geschildert[1], wie jener großen Entdeckung der Fallgesetze in steter Folge weitere Gewinnung wahrhaft naturgesetzlicher Einsichten folgte, bis in N e w t o n der erste große Systematiker und Zusammenfasser alles bis dahin Gewonnenen erstand. Alles Gewonnene aber war M e c h a n i k im engeren und weiteren Sinne, war Einsicht in die möglichen und wirklichen Bewegungen und Gleichgewichte der Massen gewesen.

Nicht wunderbar ist es, daß ein so stolzer Siegeszug eines Wissensgebietes, das seinerzeit ja d a s Wissensgebiet war, seinen Einfluß übte auf die Gesamtheit alles Denkens, welches sich auf Natur überhaupt bezog, also auf einen großen Teil der Philosophie. War doch auch des A r i s t o t e l e s Gesamtanschauung von dem Sondergebiet her beeinflußt gewesen, auf welchem er die meisten eigentlichen Kenntnisse besaß: das war hier die Biologie, wenn schon, wie wir sahen, weder Forschungsart noch Kenntnisse unseren heutigen strengen Forderungen entsprechen.

So wird denn also die gesamte Naturtheorie der großen Renaissancephilosophen von der Mechanik her beeinflußt, sie wird mechanistisch; und m e c h a n i s t i s c h w i r d a u c h d i e T h e o r i e d e s L e b e n s.

Wir haben in diesem Buche die Philosophie nicht ihrer selbst willen, sondern nur, soweit sich eigentliches naturwissenschaftliches Denken in ihrem Lichte abspielt, zu berücksichtigen: es muß daher hier für unsere Zwecke – um so mehr, als wir ja eine Geschichte des Vitalismus und nicht seines Gegenteiles schreiben – genügen, wenn wir uns nur die Stellung desjenigen Philosophen etwas näher betrachten, welcher dieser ganzen Periode des „Frühmechanismus", wie man sie nennen könnte, den

---

1 Dühring: Kritische Geschichte der allgemeinen Prinzipien der Mechanik. 3. Aufl. Leipzig 1887. – Mach: Die Mechanik in ihrer Entwicklung.

Stempel aufdrückt und mit Recht als der Vertreter der „neuen" Philosophie gegolten hat und noch gilt. Ich denke an Descartes und an seine aus der neuen Mechanik gespeiste Lehre, daß die Pflanzen und Tiere Maschinen seien, freilich von Gott eingerichtete Maschinen. Das ist in unserer Sprechweise statische Teleologie; die Ganzheit des Organischen wird nicht geleugnet, nicht etwa auf Rechnung eines Übrigbleibens des allein Erhaltungsfähigen gesetzt; aber es werden doch keine ganzmachenden Naturagenzien zugelassen.

Man weiß nun freilich, daß Descartes' Maschinentheorie eine Ausnahme zuläßt: auch der Mensch ist zwar seiner Physiologie im engeren Sinne nach Tier, also Maschine. Aber da, wo seine vernünftige Seele als *res cogitans* in Frage kommt, da wird das reine Maschinengeschehen durchbrochen. In der Zirbeldrüse geschieht diese Wechselwirkung zwischen der ausgedehnten und der denkenden Substanz, und zwar wird der Seele keine Impulse gebende, sondern nur eine drehende Wirkung auf die Materie zugeschrieben, weil nur auf diese Weise des Cartesius' oberster mechanischer Grundsatz, das Prinzip von der Erhaltung der Bewegungsgröße, gewahrt bleibe; ein äußerst feinsinniger Gedanke des großen Mannes.

Man erkennt in des Cartesius' Seele ohne weiteres den aristotelischen Geist; für diesen läßt also Descartes eine Ausnahme im Sinne des Vitalismus zu; ein lückenloses mechanisches System kann ihm also die Natur nicht sein, denn der handelnde Mensch steht ja doch in ihr. Die eigentliche Biologie im engeren Sinne freilich wird dem Cartesius angewandte Mechanik, ganz ebenso wie Hobbes, seinem großen britischen Zeitgenossen, und wie vielen anderen derer, die er auf dem Gebiete der reinen Philosophie bekämpfte.

Des Cartesius biologische Maschinentheorie wurde nun zur herrschenden Lehre. Was sie an Gegnern vorfand, das war wahrlich nicht geeignet, ihren Einfluß zu

brechen: ein aus dem Mittelalter überkommener ver-
blaßter, mystisch durchtränkter Aristotelismus war es
lediglich, der von Anhängern einer vitalistischen Lehre
vorgeführt werden konnte; immer nur Gedanken über
Gedanken und Bücher, nicht wie bei den großen Mecha-
nikern und bei Descartes unmittelbare Gedanken über
Natur: wahrlich man versteht, wie in den Schulen[1] der
sogenannten Iatromechaniker und Iatrochemiker
die maschinelle Lebensauffassung weitgehenden Einfluß
erlangen konnte; sie war wenigstens klar; man wußte,
was man mit ihr hatte; und was man etwa mit des J. B.
van Helmont[2] „Archeus" besaß, war doch im güns-
tigsten Falle nicht mehr als eine verschlechterte Auflage der Seelenlehre des Aristoteles, mit neuplatonischen
Gedanken durchsetzt.

Wenige Worte immerhin mögen dem eben genannten Helmont persönlich gewidmet sein:

Daß er selbst sich gegen Aristoteles aufs äußerste
wehrt, daß er ihn lächerlich und unwissend (ridiculus et
naturae ignarus) nennt, ändert an unserem Urteil nichts:
die fertige Form, das Ziel könne keine wirkende Ursache
sein, so eifert der neue Autor gegen den großen Alten.
Als ob Aristoteles je so etwas gesagt hätte (ebenfalls
Fußnote 1). Sein Begriff des εἶδος, die „forma" des
Helmont, überstieg eben gewaltig an Begriffsfeinheit
die Auffassungskraft dieses letzteren: das εἶδος ist das

---

1 Borelli 1608-1679, Hales 1678-1761 usw. Näheres in Band II des in
  der Vorrede genannten Werkes von Cl. Bernard. Hierher gehört
  auch Boerhaave (1668 -1738), dessen Institutiones medicae (1708,
  4. Aufl., Leiden 1721) allerdings überhaupt weniger ein theoretisie-
  rendes als ein nüchternes, tatsächliches und in dieser Hinsicht sehr
  bedeutsames Werk sind.

2 1577-1644. Hauptwerk „Ortus Medicinae". Neue Auflage vom
  Sohne des Verfassers. Amsterdam 1652. Vgl. F. Strunz, J. Baptist
  van Helmont, 1907.

absolut und ewig Wirkliche, in Hinsicht der jedesmal einzelnen Realisation aber die Möglichkeit im Sinne der „Potenz"; die Scholastik hatte das wohl verstanden.

Helmont aber glaubt etwas Neues zu sagen, wenn er (gegen Aristoteles!) seinen „Archeus" als den „Schmied" (faber) einführt, der das Bild des Erzeugten und zu Erzeugenden in sich trägt, und nach diesem Bilde die Geschehnisse ordnet. Das ist doch wahrlich durchaus die Aristotelische Lehre – nur weniger tief.

Daß Helmont durchaus im Banne jüdisch-christlicher Dogmatik und Tradition steht, daß Paradies und Hölle z. B. fortdauernd in seine Erörterungen hineinspielen, erhebt sie auch nicht gerade über die des unbefangenen Griechen.

Erst mit dem Wiederaufkommen einer selbständigen, beobachtenden und bis zu einem gewissen Grade auch experimentierenden Physiologie und Entwicklungsgeschichte beginnt auch wieder eine der näheren Erörterung werte Behandlung der großen Probleme der Biologie, die von kirchlicher und von materialistischer Dogmatik gleich weit entfernt ist. Man wird das Wort „selbständig" hier vielleicht beanstanden, wenn man die folgenden über Harvey und Stahl handelnden Abschnitte gelesen haben wird; so abhängig ist auch hier noch alles von der Autorität des Aristoteles: immerhin doch liegen neue Tatsachen vor, über die gedacht wird, und immerhin ist die Art der Gedankenarbeit doch eine solche die wirklich aus dem behandelten sachlichen oder begrifflichen Gegenstand heraus zur Gewinnung klarer Einsichten zu kommen sucht.

Harvey.

Der Entdecker des Blutkreislaufes und der Vertreter des bekannten „Omne vivum ex ovo", William Harvey (1578--1657), stellt in seinem Buche „Exercitationes de generatione animalium"[1] eine große Reihe theoretischer Erörterungen über die Natur der Entwicklungsprozesse an, die sich ihm im Verlaufe seiner Beobachtungen aufgedrängt hatten.

Schon His[2] hat davor gewarnt, in jenem oft zitierten Satze „Alles Lebendige stammt aus dem Ei", der sich übrigens nur dem Sinne nach, aber nicht wörtlich bei Harvey findet, einen gar zu modernen Gedanken sehen zu wollen: Harvey war nämlich durchaus kein Gegner der Urzeugungslehre, die er vielmehr für Würmer, Insekten usw. annahm; sein berühmter Satz wollte nur besagen, daß überall da, wo „Keime" vorkommen, deren Natur durch das Lebensreich hindurch gleichförmig, nämlich eben „Ei" sei, er richtete sich also eigentlich nur gegen des Aristoteles Trennung aller Keime in „Eier" und „Würmer".

Doch ist das uns hier nicht die Hauptsache.

Von wesentlicher Bedeutung in lebenstheoretischer Hinsicht ist jedoch bereits des Harvey Theorie der Empfängnis: diese geschieht „per contagium aliquod", durch eine Art Ansteckung, wie etwa Krankheiten entstehen; im Gegensatz zur Ansicht des Aristoteles sollen sich aber Vater und Mutter dabei beide wesentlich aktiv verhalten, nicht etwa letztere nur den Stoff liefern. Man nenne bekanntlich die Empfängnis „Conceptio", ebenso wie man das spontane Auftreten neuer Gedankenreihen „Konzeption" nenne; das sei durchaus berechtigt: „sunt ambae immateriales", beide „Conceptiones" sind nichts Materielles, der Uterus steht in der Tat mit dem Gehirn in gewisser Parallele.

Es scheint, als habe sich Harvey hier durch den bloßen Wortausdruck, durch den Gebrauch des Wortes „Conceptio" in zwei Bedeutungen ohne weiteres zu sei-

---

1 London 1651; andere Ausgabe Haag 1680.
2 Man vergleiche seine in der Vorrede genannte Schrift.

nen theoretischen Konsequenzen verleiten lassen. Die spätere „aura seminalis" ist ein Abkömmling der Harveyschen Zeugungstheorie.

Nach erfolgter Zeugung ist nun das zur Entwicklung bereite „Ei" ein seltsames Ding: in jeder Hinsicht ist es ein „medium quid", ein Mittelding, sowohl zwischen „principium et finis", wie zwischen den Geschlechtern, wie zwischen Beseeltem und Unbeseeltem, wie zwischen Materie und etwas, das Bildungsfähigkeit (facultatem opificem) in sich hat (Exerc. 26). Es ist nicht eigentlich ein Teil der Mutter, sondern lebt auf ihr wie ein Pilz auf einem Baum durch sein eigenes Leben (propria sua vita); ein „corpus naturale" ist es, aber ein beseelter natürlicher Körper, wennschon nicht durch der Mutter Seele beseelt; es ist nicht „opus uteri", sondern „opus animae", nicht des Uterus, sondern der Seele Werk (1. c. 27).

Man erkennt hier ebensowohl die Abhängigkeit von Aristoteles wie auch ein ernsthaftes Ringen um Klarheit in der Sache selbst; seines Lehrers Fabricius ab Aquapendente gedenkt Harvey zumal in Hinsicht des Tatsächlichen mit großer Hochachtung.

Vor Schilderung der eigentlichen Entwicklungsphänomene wird dem Ei noch ausdrücklich die aristotelische „anima vegetativa" *actu,* die „anima sensitiva" *potentia* zugesprochen.

Die Entwicklung selbst nun geschieht „potius per epigenesin quam per metamorphosin" (1. c, 45), mehr durch Neu- als durch Umbildung, um die ja zu technischen Ausdrücken gewordenen gräko-lateinischen Worte möglichst zutreffend zu verdeutschen.

Wie von einem „opifex", einem Werkmeister, wird die Entwicklung geleitet; ein gewisses „principium" ist in den Keimen, aus und von welchem (exquo et a quo) sie hervorgehen, ein Prinzip, welches „primordium vegetale" genannt werden kann, ein gewisses für sich Existierendes, geeignet sich zur Form zu wandeln.

Das geht nun alles über A r i s t o t e l e s wenig hinaus und ist recht unbestimmt. Wesentlich tiefer aber dringt H a r v e y, wo er die U n t e r s c h i e d e seines „Principium", von der bewußten S e e l e und seine in gewissem Sinne der Seele gegenüber h ö h e r e Fähigkeiten darzulegen versucht. Hier klingen gewisse Äußerungen geradezu an viel spätere, bei J o h a n n e s M ü l l e r anzutreffende Darlegungen aufs engste an:

Was der Mensch erst lernen muß, das ist dem Naturprinzip angeboren und eingepflanzt (connatum et insitum); wer daher die Naturkörper mit Kunstwerken ohne weiteres vergleicht, der ist kein zureichender Beurteiler (aequus aestimator) der Natur.

Mit den Worten „deus sive natura naturans sive anima mundi" sucht sich H a r v e y dann weiterzuhelfen, um in einen geradezu erkenntniskritisch klingenden Gedanken auszumünden: daß es nämlich nur unserem Auffassungsvermögen (conceptui nostro) so scheine, als ob Klugheit und Intellekt nach unserer Art den Naturwerken innewohne, da wir eben nach Maßgabe unserer Fähigkeiten über die göttlichen Werke der Natur urteilen.

Wie A r i s t o t e l e s, so ist auch H a r v e y ein durchaus unbefangener Vitalist: er will in Worte fassen, was er über das Lebendige durch Erfahrung ermittelt zu haben glaubt; selbstverständlich ist das eine E i g e n g e s e t z l i c h k e i t für ihn[1]. Er beweist gerade so wenig wie sein großer Vorläufer, aber mit tiefem Ernst ringt er nach immer tieferer und tieferer Erfassung und Wiedergabe der entschleierten Geheimnisse.

---

1 Nach His wäre des Harvey Teleologie mehr eine unbestimmt metaphysisch als real gedachte, würde also etwa den Ansichten der späteren Naturphilosophen ähnlich sein. Ich kann diese Ansicht nicht teilen, zumal auf Grund der Begriffe „primordium vegetale", „anima vegetativa", „opifex" usw. glaube ich mit Recht in Harvey einen echten Vitalisten, also „dynamischen Teleologen" zu sehen.

Einen großen Einfluß haben Harveys theoretische Darlegungen nicht gehabt; und doch sind sie viel kritischer und vorsichtiger als die Lehren jenes Nachfolgers, der fast ein Jahrhundert als grundlegende Autorität in Sachen des Vitalismus galt und den kennenzulernen wir uns jetzt anschicken.

Georg Ernst Stahl (1660-1734),

der Urheber der Phlogistontheorie in der Chemie, war lange Jahre als Professor in Halle tätig. In seiner „Theoria medica vera"[1] teilt er uns seine Ansichten über das Lebendige mit, welche, um das gleich im voraus zu sagen, nichts weniger als sonderlich modern anmuten und nur wegen des großen Einflusses, den sie gewannen, von uns in Breite zu behandeln sind; bezieht sich auf Stahl doch fast jeder biologische Schriftsteller bis zum Ausgang des Jahrhunderts der Aufklärung.

Stahl beginnt mit einer logischen Untersuchung der Begriffe Organismus und Mechanismus und ihrer Unterschiede; letzterer ist dem ersteren subordiniert. Ebenso sind Mischung und Leben (mixtio et vita) verschiedene Dinge, auch „aggregatum et individuum"; der lebende Körper habe eine „mixtio specialis" und eine „aggregatio specialis" je von hoher Mannigfaltigkeit, und eben wegen deren leichter Zerstörbarkeit erfordere er besondere Kräfte der Erhaltung.

Der Zufall (casus) im Sinne des Demokrit oder Epikur genügt also nicht zur Erklärung des Lebenskörpers; von den ewigen Gesetzen, den „leges aeternae" der Alten hat man auszugehen. Mit ausdrücklicher Wendung gegen die Cartesianer, „qui corpus humanum machinam absolutam esse volunt", und nach denen die Seele nur gleichsam zur Betrachtung beigegeben (superinduci)

---

1 2. Auflage. Halle, 1737.

worden sei, verwirft er jede Art Maschinentheorie (Theoria, 2. Aufl., S.30f.).

Die wahre bewußte Seele ist Urgrund des Lebens, sie, ein dreifaches Wesen (ens triplex), nämlich ein aktives, bewegendes und vernünftiges (ens activum, movens et intelligens), schafft sich den Körper, weil sie ein „instrumentum" braucht. Nur also wegen der Seele und durch sie und aus keinem anderen Grunde existiert der Organismus; die Seele aber wirkt auf den Körper durch ihre Leidenschaften („Pathemata"). Nichts würde die Seele ohne den Körper vermögen, weder aktiv noch passiv. Ihre eigentliche Leistung aber sind Bewegungen, und zwar gerichtete und geordnete (motus, quos dirigit et instruit).

Halten wir hier einen Augenblick mit der Schilderung inne, so erscheint also nach Stahls Ansicht die „Seele" als Grundprinzip sowohl der Entstehung wie auch alles Funktionierens des Körpers gleichermaßen; von ihr handelt, modern gesprochen, Funktionalphysiologie und Entwicklungsphysiologie.

Stahl weiß wohl, wie er dadurch, daß er alle diese Leistungen der vernünftigen Seele, der „anima rationalis" zuschreibt, in Widerspruch zu den meisten anderen Physiologen tritt:

Aristoteles habe neben der anima rationalis die anima vegetativa und die anima sensitiva zugelassen und letzteren beiden eine gewisse „γνωσις"[1] , jener ersten allein „intellectus" zugesprochen; auch habe zum Beispiel Helmont von einer Seele mit höheren und niederen Fähigkeiten geredet, und das sei ja auch ganz „plausibilis", weil, wer mehr könne, auch weniger könne („quod qui potest plus, potest etiam minus"); aber im ganzen seien doch alle diese Untersuchungen „steriles"

---

1 Stahl verwendet das griechische Wort; es soll wohl so etwas wie „instinktive Kenntnis" bedeuten.

und dazu überflüssig: man komme sehr gut mit der anima rationalis allein aus.

Durchaus hinfällig sei der Einwand, daß die vernünftige Seele nicht bewegen könne, weil sie immaterial sei; vermittelnde Agentien namentlich beseitigten die Schwierigkeit gar nicht, wenn anders es hier eine gäbe, da dieselben doch auch entweder material oder immaterial wären, so daß an einem Punkt der Kette jener Übergang doch statthaben müsse.

Man könne aber vielleicht einwenden, daß die vernünftige Seele von den vegetativen Funktionen doch keine Kenntnis und Erinnerung habe („conscientia, recordatio et memoria"); auch diesen Gegengrund schneidet Stahl zunächst durch eine recht gekünstelte Untersuchung, alsdann durch einen weit besseren und ganz modern anmutenden Gedankengang ab:

Auch während die Seele denke oder vergleiche, wisse sie ja nicht eigentlich, daß sie eben dieses tue, auch wenn sie sich erinnere, sei dieser Akt als solcher eine eigentlich unbewußte Leistung, und vom Willen gelte ganz das selbe, nicht eigentlich mit Bewußtheit entscheide sich dieser. Ganz und gar nicht also beweise das Nichtwissen der Seele von irgend etwas, daß sie nicht doch zu eben diesem kausal in Beziehung sei.

Es hat nach diesen grundlegenden Erörterungen, da doch eben Einzeltatsachen und ihre Erklärung bei Stahl so gut wie gar nicht in Betracht kommen, kein eigentliches Interesse, ihm ins Speziellere zu folgen, und so mag denn nur über das, was er zur Folge der Formentwicklung beibringt, noch einiges kurz bemerkt sein:

Dem Sperma eine „vis plastica" oder einen „spiritus genitalis" zuzuschreiben, sind natürlich überflüssige Vermehrungen der Fiktionen („supervacuae multiplicationes rerum fictitiarum"), da ja die vernünftige Seele einmal alles besorgt; übrigens sei auch das „Versehen" durchaus beweisend für ihre formative Tätigkeit. Als bedenklich erscheint nur die Frage, wie denn der Erzeuger Seele zum werdenden Körper überhaupt in Beziehung treten könnte, der doch ein fremder sei. Nun, es habe eben die Seele Beziehungen nicht nur zum „corpus formatum", sondern auch zum „corpus formandum", nicht nur zum geformten, sondern auch zum zu formenden Körper, und wem das nicht genüge, der möge Besseres an die Stelle setzen.

Die notwendig werdende Teilung der Seele aber sei ganz wohl verständlich, da ja auch ihre Leistungen, die Bewegungen nämlich, teilbare Dinge seien.

Ich denke, der Leser wird hier Stahl recht geben, wenn er diese Darlegungen als „steriles et otiosae quaestiones" bezeichnet, jedenfalls ist seine Behandlung der Sachlage recht „leer und müßig".

Und so wollen wir denn von Stahl Abschied nehmen, indem wir noch den guten Gedanken mitteilen, daß nicht etwa das Blut der Mutter aus eigenem Wesen den Embryo bilde, und indem wir unseren Autor zum Schluß seine Ansichten noch einmal zusammenfassen lassen:

„Propterea vero haec toties repetenda sunt, ut memori utique mente haereant, quod primae undique partes perpetuo sint actionum, minime vero materiarum: at actionum quidem minime in materiis, sed in materias: adeo ut hae ad illas simpliciter passive, et generaliter indifferenter sese habeant, etomnino activae dispositioni atque coaptationi in quamlibet structuram atque figuram pure obsequantur. Quod notandum" (1. c. 383f.).

Oder in freier Übertragung: „Es kann aber gar nicht oft genug wiederholt werden, daß die Grundlage des Lebens Aktivitäten, nicht aber Materien sind, und zwar Aktivitäten nicht etwa in Materien, sondern in bezug auf solche: derart, daß die Materien sich nur passiv und indifferent zu jenen Aktivitäten verhalten, und der Verteilung und Zuordnung zu irgend einer Form oder Struktur einfach gehorchen. Das merke man sich!"

Verdienten diese Lehren wirklich einen Einfluß über viele Dezennien? Wird hier im Biologischen auch nur im geringsten über Aristoteles hinaus, wird nicht eigentlich hinter ihn zurückgegangen? Ist der erkenntniskritische Rahmen des Ganzen nicht wesentlich ungeklärter, als es der zeitgenössischen Philosophie entsprach, die doch gerade die Anfänge einer Kritik der Erkenntnis erlebte? Sicherlich ist es zu einem guten Teil auch die äußere Autorität des durch Jahre hindurch einflußreichen Professors gewesen, die hier schulbildend gewirkt hat. Daß es ihm an Selbstbewußtsein nicht fehlte, zeigt der Ton des Ganzen, der nichts weniger als ein suchender, sondern ein rechthaberischer und alles irgendwie Unbequeme skrupellos beseitigender ist.

Aber verständlich ist trotzdem die Wirkung des Stahlschen Buches aus ihm selbst, mag es auch der sachlichen Grundlagen ermangeln, welche den Theorien Harveys festen Boden gaben. Das großzügige Ganze ist es, was an dem Stahlschen Buche wirkt: dieses Überblicken aller logischen Konsequenzen, mögen sie, wenn sie schwierig erscheinen, auch oft recht kurzerhand erledigt sein. Und das Ganze war zwar nicht erkenntniskritisch so tief geklärt, wie es hätte sein dürfen und sein können, aber es war doch frei von Mystik und Theologie: es war denn doch etwas ganz anderes als die Phantasien van Helmonts.

Stahl ist der erste gewesen, der uns nach Aristoteles ein großes System einer wissenschaftlichen theoretischen Biologie gegeben hat; und als solches wirkliches System, als großer, logisch gegliederter Bau hat es gewirkt mehr als ähnliche, aber phantastische frühere Versuche (van Helmont), mehr als gleichzeitige besser fundierte Theoriegebäude kleineren Stiles (Harvey), mehr endlich als gleichzeitige konkurrierende Systemgebäude schwächlicher Art[1].

Ich möchte bezweifeln, daß alle, die Stahl in späterer Zeit nennen, die „Theoria vera" gelesen haben. Man kannte ihn eben als eine Art Typus. Zitiert habe ich nirgendwo eine Stelle aus ihm gefunden.

Stahl ist „Animist" im Gegensatz zum „Vitalisten", wenn man hier einen Unterschied schaffen will; jedenfalls erblaßte derselbe bald, und in jener Schule von Montpellier[2], in der sich Stahls Einfluß besonders geltend machte, finden sich Vitalisten der verschiedensten Abstufungen.

Und nun treten wir in die Betrachtung von Wissenserörterungen ein, in denen das Tatsächliche eine etwas größere Rolle spielt als in dem bisher Dargelegten.

C. Vitalistische Lehren im Gefolge des Streites um „Evolution" und „Epigenesis".

Die Entdeckung einer großen Anzahl neuer Tatsachen ist es vor allem, welche der Geschichte der Biologie um die Wende des siebzehnten Jahrhunderts den Charakter gibt; und im Anschluß an eben diese Tatsachen erstanden neue Probleme, neue Lehren.

Leeuwenhoek (1632-1723) hatte die Spermatozoen entdeckt[3]; Swammerdam (1637-1680) und Malpighi (1628-1694) und andere hatten eine Menge entwicklungsgeschichtlicher Tatsachen am Huhn, am Frosch und an Insekten zutage gefördert; durch Bonnet (1720 bis 1793), Needham (1713-1781), Haller (1708-1777),

---

1 Der Urheber eines solchen war z. B. F. Hoffmann (1660 bis 1742): „Philosophia corporis humani vivi et sani" 1718. Opuscula medico-practica. Halle 1736.

2 Näheres darüber bei Cl. Bernard II.

3 Wenigstens sind sie unter seiner Leitung entdeckt worden; gesehen hat sie zuerst der Student Hamm.

Wolff (1733-1794) wurden diese wesentlich erweitert und vertieft; Réaumur (1683-1757), Trembley (1700 bis 1784) und Spallanzani (1729-1799) entdeckten das Regenerationsvermögen der Tiere, vornehmlich an Süßwasserpolypen und an Würmern experimentierend. Ein näheres Verfolgen dieser Entdeckungen gehört in eine Geschichte der allgemeinen Zoologie.

Uns interessieren die Lehren, welche durch die Entdeckungen gezeitigt wurden; diese Lehren aber knüpfen an die Formulierung bestimmter Probleme an, und dieser Probleme bildeten sich vornehmlich drei: die Frage nach der Gesetzlichkeit der eigentlichen Entwicklung aus dem Keim, die Frage nach der Gesetzlichkeit der Regeneration und die Frage nach dem Ursprung der Keime; die letzte Frage schließt die Probleme der Zeugung und der sogenannten „Vererbung", aber auch das Problem der sogenannten „Urzeugung" ein.

Die Lösungsversuche der aufgestellten Probleme, die „Theorien" also, gruppieren sich um folgende Denkmöglichkeiten und Begriffe:

Entwicklung kann entweder auf Grund einer miniaturartigen Präexistenz der Form im Keime erfolgen, in welchem Falle sie eigentlich nur Wachstum von etwas schon Vorhandenem ist, oder aber sie ist Neubildung von Verschiedenem aus mehr oder weniger Gleichartigem:

diese Trennung ergibt zunächst die umfassenden Grundbegriffe der Evolution und Epigenesis.

Der Begriff der Evolution nun kann auf die eigentliche Entwicklung aus dem Keim beschränkt bleiben, während die Entstehung des Keimes selbst als Neubildung, als Epigenesis betrachtet wird; oder aber es wird überhaupt jede Neubildung geleugnet: dann wird die Evolutionstheorie zur „Einschachtelungslehre", es wird die Präexistenz aller Keime ineinander von der Schöpfung her behauptet; und hier kann nun eine Scheidung wieder statthaben auf Grund der Alternative, daß der männliche

oder der weibliche Beitrag zum Keime Träger des In-
einandergeschachtelten ist; die beiden Lager der „Animaleulisten" und der „Ovulisten" ergeben sich auf diese
Weise.

Epigenesis anderseits kann einmal als Neubildung des
Organisierten aus dem absolut Ungeordneten, aber
auch als Neubildung des Hoch- aus dem Niederorgani-
sierten gedacht werden.

Der letzte Begriff leitet zu modernen Vorstellungen
über: in gewissem Grade versöhnt er Evolution und Epigenesis. Den älteren Forschern, die uns hier angehen,
war aber gerade dieser Begriff am längsten fremd, wie
wir uns denn überhaupt sehr hüten müssen, die uns ge-
läufigen Vorstellungen ohne weiteres jenen Autoren
unter zulegen; schon allein der Umstand, daß bei ihnen
der Begriff Epigenesis, wenigstens anfangs, stets mit der
Überzeugung der Realität von „Urzeugung" verknüpft
ist, warnt hier zur Vorsicht.

Die namhafteren Forscher verteilen sich in folgender
Weise auf die von uns erörterten Ansichtsmöglichkeiten:

Evolutionisten strengsten und weitesten Sinnes,
und zwar „Ovulisten", sind S w a m m e r d a m, M a l p i g h i,
B o n n e t, H a l l e r, S p a l l a n z a n i u. a.; „Animaleulisten"
sind L e e u w e n h o e k, H a r t s o e k e r u. a., ihnen schloß
sich L e i b n i z an.

Strenge E p i g e n e t i k e r sind N e e d h a m und M a u-
p e r t u i s.

Epigenetiker für die Keimesentstehung, aber Evolutionist für die Entwicklung ist B u f f o n.

Als Hauptvertreter einer geklärteren Epigenese können W o l f f und B l u m e n b a c h gelten; hier stehen wir
dann an der Schwelle einer neuen Zeit.

Alle E p i g e n e t i k e r nun sind Vitalisten, und dadurch eben wird der ganze Streitfall für uns von so großer Bedeutung. Doch kommen in Hinsicht ihrer theoretischen Stellungnahme überhaupt nur wenige der genannten Forscher als bedeutsam in Betracht; gerade einige

der hervorragendsten Beobachter und Experimentatoren, seltsamerweise sämtlich Evolutionisten, scheiden als theoretisch wenig selbständig aus, so S w a m m e r d a m, L e e u w e n h o e k, S p a l l a n z a n i, R é a u m u r, T r e m b l e y u. a.

Leibniz.

Wir beginnen die intimere Darstellung dieser neuen Periode biologischer Theoriengeschichte in derselben Wiese, in der wir die Darstellung der vorangegangenen begonnen haben, nämlich mit einer kurzen Würdigung der Lehren des für sie repräsentativen Philosophen. Das war für die ältere Periode Descartes, für die neue ist es L e i b n i z. In beiden Fällen steht der angesehenste Philosoph gegen die Vitalisten, ohne Materialist zu sein.

Daß L e i b n i z mit den Grundbegriffen der M o n a d e und der p r ä s t a b i l i e r t e n H a r m o n i e arbeitet, darf als bekannt vorausgesetzt werden, ebenso, im Ungefähren, der Inhalt dieser Begriffe. Weniger bekannt ist jedoch, daß der Begriff der prästabilierten Harmonie bei dem großen Denker eigentlich d r e i v e r s c h i e d e n e S a c h - v e r h a l t e umfaßt, von denen der eine gerade von ganz besonderem biologischen Interesse ist. Man kennt nun allgemein die Leibnizsche Lehre von der *harmonia prae-stabilita,* insofern sie auf das Verhältnis von Welterleben und Weltgeschehen geht, wobei wir auf die schwierige Frage, ob Leibniz das Geschehen a n s i c h als mechanisch gegolten habe, oder ob ihm, schon ganz ähnlich wie K a n t, alles Raumesgeschehen nur ein, freilich auf ein An-sich hinweisendes, Phänomen gewesen sei, nicht eingehen können. Es gibt nun aber neben dieser bekanntesten Harmonieart für Leibniz noch zwei andere; zunächst die nur kurz von uns zu erwähnende zwischen dem physischen Reiche der Natur und dem moralischen

C. „Evolution" und „Epigenesis".

Reiche der „Gnade"[1], vermöge welcher die Züchtigung und Belohnung der Geister durch Erdkatastrophen und Verwandtes im allgemeinen Weltmechanismus von Ewigkeit her harmonisch vorgesehen ist, so daß trotz völliger kausaler Isoliertheit alles Geschehens, das ja im letzten Grunde nur intramonadisch ist, doch im richtigen Momente Strafe und Belohnung herauskommt – eines der bizarrsten Gedankengebilde in Leibniz' System. Freilich, was uns nun angeht, ist kaum weniger bizarr:

Es besteht neben der psycho-physischen und der ethiko-physischen noch eine embryologische, oder schärfer: vitalistisch-mechanistische prästabilierte Harmonie.

Monaden gibt es unendlich viele in unendlichen, nach der „Klarheit" bemessenen Gradabstufungen. In gewissem Widerspruch mit dieser Lehre werden aber auch gelegentlich die Monaden in vier große Gruppen eingeteilt: Körpermonaden, „Form"monaden, Seelenmonaden und Engel. Für das morphogenetische Lebensgeschehen kommen nur die Formmonaden und die Körpermonaden, die wir praktisch wie die Atome der Physik behandeln mögen, in Frage. Die „Harmonie" zwischen den Aktionen beider aber besteht darin, daß die Formmonade das Streben *(Conatus)* hat, die Atome so zu lenken, daß der Leib aus ihnen im Wege der Embryologie oder Regeneration entsteht, daß aber jedes einzelne Atom sich schon aus eigner Natur und eignem „Conatus" so bewegt, daß der Organismus herauskommen muß. Also, im Bilde:

Der Zugführer pfeift, der Vorsteher hebt den Stab, der Lokomotivführer öffnet das Ventil, der Zug fährt ab – aber, er wäre aus eigener Natur auch ohne alle jene Vorgänge in demselben Moment „abgefahren".

---

1 Monadologie Nr. 87, 88, 89; s. auch Theodizee u. sonst.

Man hat hier, wie man sieht, einen Fall von dem vor sich, was man heute „Vereinigung" von Mechanismus und Teleologie zu nennen pflegt, wobei es dahingestellt bleibe, ob man in solchem Falle überhaupt noch von „Mechanismus" im eigentlichen Sinne reden dürfte[1].

Jedenfalls gilt Leibniz die Gesamtheit der Leibesatome eines Organismus als Maschine, ja, weil er auch die Einschachtelungslehre, nicht nur die Evolutionslehre annimmt, auch die gesamte Kette der Generationen, und gerade dem Begriff der organischen Maschine wird nun von ihm noch eine besondere Betrachtung gewidmet.

Es besteht ein Unterschied „nicht allein im Grade, sondern sogar in der Art", selbst „zwischen den geringfügigsten Hervorbringungen und Mechanismen der göttlichen Weisheit und den größten Meisterwerken der Kunst eines begrenzten Geistes". „Die Maschinen der Natur haben nämlich eine wirklich unendliche Zahl von Organen und sind so gut ausgerüstet und allen Unfällen gegenüber stichhaltig, daß es nicht möglich ist, sie zu zerstören. Eine natürliche Maschine bleibt noch in ihren kleinsten Teilen Maschine, und mehr noch: sie bleibt immer die nämliche Maschine, die sie war, da sie durch die verschiedenen Zuschnitte, die sie erhält, nur umgestaltet, bald ausgedehnt, bald zusammengedrückt und nur gleichsam konzentriert wird, wenn man sie für untergegangen hält"[2].

Maschinen, aber sehr seltsame Maschinen freilich, sind also die Organismen nach Leibniz. In jedem unendlich kleinen Teil sind sie noch Maschinen, und zwar „die nämlichen, die sie waren". Leibniz führt hier im Grunde den Begriff des Maschinendifferentials ein.

---

1 Vgl. meine Wirklichkeitslehre, 2. Aufl. 1922, S. 79f.
2 Neues System über die Natur, Nr. 10 (Übersetzung von Habs). Ähnlich Monadologie Nr. 64.

Das scheint uns nun freilich ein unmöglicher Begriff zu sein, denn der Begriff des „unendlich kleinen" Zuwachses hat nur Sinn in Anwendung auf Homogenes, und es ist gar nicht verständlich, was für extensive Mannigfaltigkeiten ein unendlich kleiner Zuwachs, der selbst eine, und zwar dieselbe extensive Mannigfaltigkeit sein soll, eigentlich bedeuten solle. Geht man aber von extensiven Mannigfaltigkeiten zu intensiven über, so bricht man mit dem Maschinenbegriff und würde, in weiterer Verfolgung der Sache, zu den Gedankengängen kommen, auf die ich selbst, wie sich zeigen wird, meine Lehre von der Autonomie des Lebendigen gegründet habe.

Doch wir müssen die Lehren des Philosophen der embryologischen Evolution verlassen, um die eigentlichen bio logische n Theoretiker unserer Epoche näher kennenzulernen.

Button, Needham, Maupertuis.

George Louis Leclerc Buffon (1702-1788) hat in seiner berühmten „Histoire naturelle"[1] die Vorgänge der Zeugung und Entwicklung einer eingehenden Analyse unterzogen. Wir haben schon angedeutet, daß ihn diese Zergliederung in gewissem Grade in beide feindlichen Lager hineinführt.

Ein Baum, ein Polyp, kurz Organismen, welche ihre Form wiederherzustellen oder durch Knospen zu vermehren vermögen, sind aus lauter kleinen Teilen zusammengesetzt zu denken, aus denen sie wieder hervorgehen können. Diese Teile sind gewissermaßen sie selbst verkleinert, wie die Einzelkriställchen eines Salzwürfels er selbst verkleinert sind. Bei den Organismen, welchen das Vermögen der Knospung und der Re-

---

1 Paris 1749, Band II; Teil 3 der deutschen Übersetzung Berlin 1771.

generation abgeht, sind wenigstens die Keime solche verkleinerte Ganze.

Alles Wachstum ist also nur Anlagerung gleicher, dem Wesen nach schon vorhandener Teile: im Samenkorn ist schon der Baum.

Das ist strengster Evolutionismus. Aber nun ersteht für Buffon die Frage: sind auch im Samenkorn schon alle künftigen Samenkörner? Und diese Frage verneint er, um eine Theorie zu erfinden, welche ihn einerseits zum Vitalisten macht und welche anderseits der bekannten Pangenesislehre Ch. Darwins in gewissem Grade ähnelt[1]:

Eine „innerliche Form", ein „moule interne" ist es, der, selbst schon das Ganze als Mannigfaltigkeit darstellend, die Entwicklung, d. h. eigentlich das bloße Wachstum, leitet, der der neu sich ansetzenden Materie Ordnung gibt, welche Ordnung eben „aus der Stellung aller Teile der innerlichen Form entsteht" (Hist. nat. III, S. 192).

Aber woher stammt jener „moule interne"? Er stammt nicht wieder von einer anderen präexistierenden Form, das wäre absurd, sondern er ist das Ergebnis besonderer, dem Lebendigen zukommender Kräfte. Es ist interessant, daß Buffon diesen Kräften nun auch jene aus der geordneten Form entspringende geordnete Anlagerung zuschreibt, so daß also auch seine evolutionistische eigentliche Entwicklungstheorie keine reine „Maschinentheorie" ist.

Die Kräfte aber, deren Ergebnis der „moule interne" ist, betätigen sich so, daß sie sich des Überflusses der zum Wachstum dienenden Materie aller Organe be-

---

1 Man beachte hier, daß auch schon jene von Aristoteles abgelehnte antike Ansicht, daß der Same vom ganzen Körper stamme, eine Vorläuferin der Darwinschen Pangenesislehre war.

mächtigen[1] und diesen Überfluß in den Generations-
organen anhäufen und ordnen; hier eben liegt die Analogie zur Lehre von der „Pangenesis". Wie freilich alles
im einzelnen zu denken ist, das bleibt, wie auch schon
alle auf die bloße Ernährungsphysiologie bezüglichen Ansichten unseres Autors, ziemlich dunkel.

Jedenfalls wird hier die Entstehung der Keime im Sinne eines echten Vitalismus gefaßt, und wir wiesen
soeben schon kurz darauf hin, daß Buffon trotz seiner
evolutionistischen Entwicklungstheorie auch die Ausgestaltung des Keimes durch lebenseigene Kräfte geschehen
läßt.

Zur Rechtfertigung seiner Auffassungsart wendet sich
Buffon vornehmlich gegen Descartes: es komme ihm
„gar zu eitel und unsicher vor, wenn man der Materie
gar keine anderen Eigenschaften beilegen will, als die wir
einmal an ihr erkannt haben". Die Kraft des "moule interne" sei etwas ebenso Spezifisches wie die Schwerkraft.

Hier sehen wir unseren Forscher auf recht modernen
·Wegen, wennschon wir den in seiner Lehre versteckten
Hylozoismus nicht mitmachen können. Über Methodi-
sches überhaupt äußert er sich so treffend, daß ich nicht
umhin kann, einen entsprechenden Gedanken wörtlich
mitzuteilen: „Le défaut de la philosophie d'Aristote étoit
d'employer comme tous les effets particuliers, celui de
celle de Descartes est de ne vouloir employer comme
causes, qu'un petit nombre d'effets généraux, en
donnant l'exclusion à tout le reste. Il me semble que la
philosophie sans défaut seroit celle où l'on n'em-
ployeroit pour causes que les effets généraux, mais où

---

1 In den Spermatozoen sieht er Überschußteilchen, die in Bildung
des „moule" begriffen sind; je für sich sollen sie sich weder entwickeln noch etwas erzeugen können; auf alle Fälle seien sie nicht,
wie Leeuwenhoek will, präformierte Tiere.

l'on chercheroit en même temps à en augmenter le nombre, en tâchant de généraliser les effets particuliers." (Hist. nat. II, S. 50).

Ausdrücklich betont Buffon auch, daß er mit seiner lebenseigenen Kraft nichts gegen die mechanischen Grundprinzipien sagen wolle, welche eben nur „die allgemeinen Wirkungen der Natur" darstellen. Weiter ausgeführt, wie es nötig wäre, wird dieser Gedanke freilich nicht; nicht also wird, wie etwa bei Descartes in seiner Leib-Seelen-Theorie, gesagt, was denn an den mechanischen Prinzipien gewahrt bleibe, was nicht; eine Frage, die unbedingt von einem Vitalisten gestellt und beantwortet werden muß, weil ein Allein-Mechanismus ihm ja doch eben nicht genügt.

Ich denke, man wird uns nicht tadeln, wenn wir bei einer Gesamtbeurteilung von Buffons Leistungen die methodologische Rechtfertigung seines Vitalismus für bedeutsamer halten als diesen Vitalismus selbst. Er selbst ist denn doch nichts weniger als auch nur versuchsweise bewiesen, aber daß Buffon seine wissenschaftliche Legitimität darzutun versuchte, das erhebt den Vitalismus aus einem naiven zu einem bewußten. Eben dadurch erhebt sich Buffon über Stahl, gegen dessen Analytik er im übrigen weit zurückbleibt, daß er bewußtermaßen betont: ich sage hier etwas der mechanistischen Theorie gegenüber Neues, aber ich darf dieses Neue sagen, womit freilich über die Richtigkeit des Gesagten nichts ausgemacht sein soll.

Buffons Einfluß war weitreichend; vor allem stehen unter ihm zwei Männer, welche selbst in eigenen Gedanken weiterzugehen suchten, der Präsident der Berliner Akademie, Maupertuis, bekannt vornehmlich wegen seines mechanischen Prinzips vom kleinsten Zwange, und der englische Jesuit Needham.

In einer Schrift „Venus physique" (1746) hat Maupertuis seine Ansichten über organische Formbildung niedergelegt. Er sucht sie mit Kristallisationsphänome-

nen in Parallele zu stellen, zumal mit der in der Literatur
jener Zeit eine große Rolle spielenden Erscheinung des
Dianenbaumes; auch in dem aus der Mischung der weiblichen und männlichen Teile entstandenen Gemenge sei
eine solche ordnende Kraft tätig, welche die richtige Zusammensetzung der Teile leite und später im Wachstum
erhalte. Wie man sieht: im großen und ganzen eine Vari-
ante der Lehre Buffons.

Tuberville Needham[1] aber betont sogar ausdrük-
klich bei jeder Gelegenheit seine Übereinstimmung mit
Buffons Lehren. Trotzdem geht eigentlich das Hauptin-
teresse Needhams auf etwas anderes als Buffons Lehre, nämlich auf die Urzeugung aus in Zersetzung be-
findlichen organischen Stoffen. Aus ihrer angeblich nach-
gewiesenen Existenz zieht er alle Beweise dafür, daß es
eine „force réelle productrice" in der Natur gebe, „une
force végétale dans chaque point microscopique de
matière vègétale ou animale" (Nouv. Obs. S. 230). Wenn
er daneben die „germes préexistens" in der eigentlichen
Fortpflanzung leugnet, so ist das dann freilich auch eine
Folge seiner allgemeinen Ansicht, aber im einzelnen
streift er das wahrhaft Morphogenetische so gut wie gar
nicht. Schärfer noch beinahe als Buffon betont er das
Unauflösliche, eben das Vitalistische der Doktrin.

Mit den allgemeinen mechanischen Prinzipien hält
auch Needham seine Ansicht für vereinbar, wie er
denn überhaupt lange Erörterungen über Materie und
Mechanik vorbringt. Auch hier mutet manches recht
modern an:

---

1 Nouvelles observations microscopiques, avec des découvertes
intéressantes sur la composition et la décomposition des corps
organisés. Paris 1750. Besonders der Seite 145 beginnende
Abschnitt: Observ. nouv. sur la génération, la composition et la
décomposition des substances animales et végétales.

„La matière n'est q'un pur phénomène, un résultat complexe et un concours de plusieurs effets différens" (l. c. 268).

Die intelligente Seele erklärt unser Denker für etwas der bildenden Naturkraft völlig Fremdes.

Einen eigentlichen Fortschritt wird man kaum in Needhams Ausführungen zu sehen geneigt sein[1].

Caspar Friedrich Wolff.

Caspar Friedrich Wolff (1733-1794) pflegt meist als der Vater der epigenetischen beschreibenden Entwicklungsgeschichte des Individuums angesehen zu werden. Wenn das mit besonderer Vorliebe in Geschichtsabrissen der materialistisch-darwinistischen Literatur geschieht, und wenn man hier Wolff wohl gar als einen Vorarbeiter Darwins feiert, so hat man sich offenbar nicht immer klargemacht, daß seine Entwicklungslehre zwar epigenetisch, aber, wie alle epigenetischen Theorien, auch vitalistisch gewesen ist; eben deshalb interessiert uns Wolff hier an dieser Stelle.

Seine „Theoria generationis" ist 1759 erschienen; 1896 ist durch Samassa eine deutsche Übersetzung des lateinischen Originals veranstaltet worden[2].

Das Prädelineationssystem, sagt Wolff, erklärt nicht, sondern leugnet Entwicklung. Es gilt die „Teile des Körpers und die Art ihrer Zusammensetzung" aus Prinzipien und Gesetzen abzuleiten. Eine solche Entwicklungstheorie oder „rationale Anatomie" würde sich zur deskriptiven Anatomie wie rationale Psychologie zur empi-

---

[1] Manche Zitate aus Needham bringt His in seiner „Körperform". Man kann hier lesen, wie Eva durch eine Art Knospung entstand, und daß Needham mit seinem jesuitischen Kollegen Spallanzani sich über die mehr oder weniger große Frömmigkeit der evolutionistischen oder der epigenetischen Theorie stritt.

2 Klassiker der exakt. Wissensch. Nr. 84/85.

rischen, wie philosophische Erkenntnis zur historischen verhalten.

Wahrlich ein tiefgehender, vieles verheißender Anfang, der zugleich zeigt, daß Wolff so etwas wie der Begriff der „Entwicklungsphysiologie" unserer Tage als Ideal vorschwebte.

Und nun tritt er in die Erörterung der Grundfrage ein; das aber ist diese: „Wie hängt Leben und Maschine in den organischen Körpern zusammen?" Hängen beide von einer gemeinsamen Ursache ab oder eines vom anderen; und wenn so, trägt dann das Lebendige zur Maschine oder die Maschine zum Lebendigen bei?

Zuerst wird Pflanzenphysiologisches herangezogen:

Die Kraft, welche Wasser in die Pflanze treibt, kann „nicht bloß eine anziehende sein"; das „beweist die Ausdünstung". Auch hängt die Flüssigkeitsaufnahme nicht „von der feuchten und durch Wärme ausgedehnten Luft" ab, dagegen spricht das Strömen gerade gegen die jüngeren Teile und die Knospen hin: „die Natur baut auf einer so wechselnden und unsicheren Grundlage nicht Dinge von so großer Wichtigkeit auf".

Wolff konstruiert sich also eine besondere lebenseigene Kraft, die vis essentialis nennt; sie wird ausgestattet mit Fähigkeiten, welche eben den von ihr verlangten Leistungen entsprechen; „dies genügt für den vorliegenden Zweck", „jedenfalls leistet sie die angeführten Wirkungen".

Ganz ähnliche Folgerungen ergeben sich nun aus dem Studium der von Wolff so besonders geförderten tierischen Entwicklung. Wie geht die ernährende Substanz des Eies in den Embryo über?, so lautet hier die Frage. Das geschieht nicht durch Kontraktion des Herzens oder der Gefäße, auch nicht durch Kompression des Herzens mittels von außen wirkender Muskelkontraktion, denn das Herz steht anfangs mit den Arterien gar nicht in Verbindung und schlägt auch nicht; auch sind nicht etwa präformierte Kanäle da. Wiederum also ist eine besondere Kraft, eine „vis essentialis" am Werk; sie leitet die Epigenese, wie sie auch später des Erwachsenen Erhaltung leitet.

Von großem Interesse ist nun Wolffs Gedanke, daß seine Vis essentialis sich mit den Agentien des Anorganischen zu einer Gesamtleistung vereinigen könne, und die Art und Weise, wie er sich solches denkt: hier sehen wir ihn wieder auf Bahnen durchaus modernen Denkens.

Zunächst kommt es auf die mehr oder weniger große „Zähigkeit" und „Erstarrungsfähigkeit" der durch die neue Kraft geleiteten Teile an, auch kann sie selbst schwächer oder stärker sein; überhaupt kommen eine ganze Reihe „akzessorischer Prinzipien" zu dem vitalen Prinzip hinzu; ist es „doch klar, daß mit der Bildung des Organischen auch ein Körper im allgemeinen entsteht, der sich durch besondere hinzukommende Einflüsse eben zu einem organischen Körper gestaltet".

Und der organische Körper braucht „Einflüsse" von außen, so z. B. den Nahrungszufluß. Nur darf nie vergessen werden, daß „jene Vorgänge, nach deren Entfernung das Leben aufhört, noch nicht zum Leben beitragen und deshalb nicht als Lebensvorgänge zu bezeichnen sind", ebensowenig wie der Faden, an dem ein Schwert über einem hängt, ein Lebensvorgang ist.

So kann denn also das Fazit gezogen, die eingangs aufgestellte „Grundfrage" beantwortet werden: „Die in Entwicklung begriffenen Körper sind nicht Maschinen." „Die sich entwickelnde Substanz ist von der Maschine, von der sie eingehüllt ist, wohl zu unterscheiden. Die Maschine aber ist als das Erzeugnis derselben anzusehen."

Die sich entwickelnde Substanz aber wirkt, „insofern sie mit bestimmten Eigenschaften versehen", nicht „insofern sie auf eine bestimmte Art zusammengesetzt ist". Jeder aus der Zusammensetzung bestimmte Vorgang im Organismus ist „nur akzessorisch". Er beeinflußt oder modifiziert, „er gehört aber nicht zur Zahl der die Entwicklung bestimmenden Ursachen".

Hier wird also eine statische oder tektonische Teleologie ganz ausdrücklich zugunsten einer dynamischen, eines Vitalismus abgelehnt, mit einfacheren Worten kann solches gar nicht geschehen!

Und nun setzt sich Wolff noch kurz mit Gegnern und mit ähnlich Denkenden auseinander:

Es kann nicht wundernehmen, daß er die „mechanische Medizin" ein „imaginäres System" nennt, „das heißt ein solches, dem nichts in der Natur der Dinge entspricht". Es werde ja sicherlich manches, wie die Blutbewegung, die Atmung, die Entleerungen, das Kauen usw., „von der Maschine vollbracht"; aber diese mechanischen Vorgänge sind eben „nur wie ein leichtes Anhängsel der Tiere zu betrachten" und vom Tier zu unterscheiden.

Mit den Ansichten des Botanikers Ludwig, Harveys und Needhams, der hauptsächlichen Vertreter eines epigenetischen Vitalismus, empfindet Wolff die seinigen als verwandt, obschon er des letzteren Buch „unerträglich konfus" nennt, und obschon er zugibt, daß alle, abgesehen von der seltsamen „Konzeptions"lehre des Harvey, über die allgemeinsten Feststellungen des Aristoteles, daß eben eine erzeugende Kraft in der Natur sei, nicht hinauskommen.

Wolff beschließt sein Werk mit einem Gedanken, der ebenso modern klingt, wie derjenige, mit dem er es begann: er habe „nichts erklärt" bezüglich der Vorgänge, deren Maschinennatur er leugne; er habe nur „den Zusammenhang, der zwischen der Maschine und dem Leben besteht, untersucht", „den Ursachen des letzteren aber dort, wo es zu der Maschine keine Beziehung hat, nicht weiter nachgeforscht".

Hier wird man geradezu an das Newtonische *„hypotheses non fingo"* und an Machsche Wendungen erinnert[1].

Überblicken wir alles bisher Ausgeführte, so erscheint Wolff als klarster und tiefster Vertreter des Vitalismus seit Aristoteles; er versucht wenigstens zu beweisen, obschon man die Beweise freilich beanstanden könnte. Er ist reich an Kenntnissen, reich an philosophischer Bildung; er sagt nichts über Dinge, von denen er nichts weiß; er beruhigt sich nicht bei Scheinlösungen. Seine Lehre ist weniger allumfassend, sie ist viel beschränkter als die Stahls: eben darum ist sie biologisch bedeutungsvoller.

Bonnet, Haller.

Wir haben schon erwähnt, daß Swammerdam der eigentliche Urheber des Gedankens der „Evolution" in dem von uns definierten Sinne ist: in Bonnet und Haller haben wir die bedeutendsten biologischen Durcharbeiter dieser, wie wir wissen, auch von Leibniz ange-

---

1 Doppelsinnig ist eine Äußerung Wolffs über Stahl. Im Scholion 4 des § 255 der Theoria generationis heißt es: „Et certissime quidem et maxime paterer, si Stahlii ... sententiam mihi imputes." Samassa, dem ich in der ersten Auflage dieses Buches (S. 45) und dem auch ·E. Rádl gefolgt ist, übersetzt paterer im Sinne von: ich würde „zulassen", also: „mich noch am meisten einverstanden erklären, wenn ...", ein Satz, über den man sich in gewissem Sinne freilich wundern müßte, da ja Stahl stets ausdrücklich von der vernünftigen Seele redet. M. Stenta hat. nun in der italienischen Ausgabe der ersten Auflage dieses Werkes (S. 380) betont, daß paterer auch mit: „ich würde (am meisten) darunter leiden (wenn ...)" übersetzt werden könnte, und meint, das entspräche mehr dem Geiste des vorsichtigen Wolffschen Denkens. Demjenigen, der hier tiefer dringen will, seien die eingehenden Erörterungen des italienischen Forschers, der auch noch andere Stellen bei Wolff heranzieht, zum Studium empfohlen.

nommenen Lehre vor uns. Alle Evolutionisten sind, der Natur der Sache nach, ganz vorwiegend Vertreter einer statischen Teleologie, eines tektonischen Gegebenseins der Grundlage des Zweckmäßigen. „Vitalismus" spielt für sie höchstens nebenbei eine Rolle. Deshalb sind sie für unsere Zwecke von geringerer Bedeutung und können nicht in der Breite wie die Epigenetiker von uns in ihren Ansichten studiert werden.

Charles Bonnet (1720-1793) hat seine Ansichten über Entwicklung vornehmlich in seinem Werke „Considérations sur les corps organisés" (Amsterdam 1762) niedergelegt[1]. Der eigentliche Triebgrund seines Übergangs in das evolutionistische Lager ist wohl seine Entdeckung der parthenogenetischen Entwicklung der Blattläuse gewesen: es stecken hier in der Tat mehrere aufeinanderfolgende Generationen der Reihe nach ineinander, da die Eier von Embryonen sich schon wieder zu entwickeln beginnen: so sah man denn die „Einschachtelung", welche man forderte, gleichsam in Realität vor sich.

„Il n'est point dans la Nature de véritable generation; mais nous nommons improprement Génération le commencement d'un développement qui nous rend visible ce que nous ne pouvions auparavant apercevoir" (Cons. I, 169).

In diesen Worten ist das Wesentliche aller Evolutionslehre gut ausgedrückt; mit Recht hat C. F. Wolff sie ein Leugnen, kein Erklären der Entwicklung genannt.

---

1 Über Bonnets Lehrsystem hat C. O. Whitman eine vorzügliche Monographie verfaßt, auf welche hier verwiesen sei: „Bonnets Theory of Evolution. A System of Negations." „The Palingenesia and the Germ Doctrine of Bonnet." Biolog. Lectures. Woods Holl in 1894. Boston 1895.

Bonnet, als „Ovulist", legt ganz besonderes Gewicht darauf, daß eben vor der Befruchtung der Keim im Ei als vollständig geformtes Wesen existieren müsse, und er ist kritisch genug, zuzugeben, daß, wenn man wirklich das Gegenteil nachweise, die Theorie fallen würde. Aber es sei dieses Gegenteil nicht nachgewiesen:

„il est démontré que le Poulet existe dans l'oeuf avant la Fècondation".

Freilich brauche eine ganz exakte Präexistenz aller Proportionen des Keimes nicht angenommen zu werden: „Tandis que le Poulet est encore dans l'état de Germe, toutes ses Parties ont des formes, des proportions, des situations qui différent extrêmement de celles que l'Evolution leur fera revêtir. Cela va au point, que si nous pouvions voir ce Germe en grand, tel qu'il est en petit, il nous seroit impossible de le reconnoître pour un Poulet" (l. c. II, 295f.); und für die Säugetiere und den Menschen gilt das gleiche[1].

Immerhin betreffen Änderungen der Form nur Äußerliches; das Wesentliche derselben dehnt sich nur aus im Verlauf der „Entwicklung". Bonnet sagt einmal, daß der Keim nur Spezies-, aber keine Individualcharaktere trüge: er sei ein Pferd, aber nicht dieses Pferd.

Nicht einmal ein Finger dürfe als wahre Neubildung zugelassen werden; das habe er schon früher gesagt als Haller, der es jetzt wiederhole, aber damals noch Epigenetiker gewesen sei.

Eine gewisse, in der Tat nicht vorhandene Neubildung könne dadurch vorgetäuscht werden, daß die verschiedenen Teile sich verschieden schnell vergrößern.

Auf Auseinandersetzungen mit Gegnern sich einzulassen, hält Bonnet kaum für nötig; Buffons Ansichten

---

1 L'homme et les Quadrupèdes, dans l' état de Germe, ont sans doute aussi des formes et des situations qui ne ressemblent nullement à celles qu'ils acquierrent par le développement (l. c.).

werden als „des Songes qui ne sont pas même philosophiques" (l. c. II, 256) ebenso kurz wie radikal abgewiesen.

Die in Bonnets „Palingénésie" ausgesprochene universale Welttheorie zu erörtern, ist hier nicht der Ort:

„Toutes les pièces de l'Univers sont donc Contemporaines. La Volonté Efficace a réalise par un seul acte tout ce qui pouvait l'ˈˈêtre." Es gibt also eigentlich kein Neu-Geschehen – das ist ihr Grundgedanke.

Bei Whitman mag man hierüber nachlesen; bei ihm wird man auch das Wesentliche über die Beziehungen der Evolutionslehre zur Auferstehung[1] finden, sowie über die verschiedenen Keimarten, welche eine Seele für die voradamische Welt gebraucht hat, für die gegenwärtige braucht und für die zukünftige brauchen wird: alles wird nach Analogie etwa der Insektenmetamorphose behandelt. Auch Anklänge an eine, natürlich präformiert gedachte Deszendenz finden sich: Affen und Elefanten möchten wohl einst die Newtons und Leibnize, Biber einst die Vaubans aus sich hervorgehen lassen.

Wichtiger würde es uns sein, anstatt solcher Phantasien etwas Näheres über die Art und Weise zu erfahren, wie Bonnet sich nun den eigentlichen Vorgang der Ausdehnungsentwicklung denkt; aber da erfahren wir nur, daß der Keim zwischen den einzelnen Elementarteilen sehr enge Maschen habe, und daß später die durch Ernährung hinzukommenden fremden Teile diese Maschen erweitern. „Germe n'est, pour ainsi dire, composé que d'une suite de points, qui formeront dans la suite des lignes."

Obwohl manche Schwierigkeiten umgehend, hat Bonnet doch nie versäumt, wenigstens der wesent-

---

1 Der Auferstehungsglaube scheint der psychologische Ausgang des gesamten biologischen Theoretisierens Bonnets und übrigens wohl auch Leibniz' gewesen zu sein.

lichsten Dunkelheiten, welche ihm bewußt wurden, Aufhellung zu versuchen. Bedenken mußten ja namentlich die Resultate von Zerstücklungsversuchen machen, wie sie z. B. von Trembley an Hydra angestellt waren: da wird denn gesagt, die Hydra sei eben eine Wiederholung sehr vieler sehr kleiner Polypenkeime, welche nur ihre Entwicklungsbedingungen erwarteten; eigentliche Schwierigkeiten macht Bonnet hier nur die Frage nach der Herkunft der Seelen für die vielen Polypenknospen. Zur Erklärung echter Regenerationsvorgänge läßt er nur Keime von Ganzorganismen, nicht etwa, wie z. B. neuerdings Weismann, von Organisationsteilen, zu: die präformierten Ganzkeime sind so geordnet, daß sie sich allemal nur so weit ausdehnen, wie sie das Fehlende zu ersetzen haben.

Bonnet braucht also keine lebenseigenen Wirkungsweisen irgendwelcher Art, oder meint doch wenigstens keine zu brauchen: gegebene Tektonik leistet ihm im Verband mit Wirkungsweisen sehr einfacher Art alles. Bonnet ist also kein Vitalist. Übrigens ist seltsam zu sehen, wie er eigentlich nur die Alternative seiner tektonischen Teleologie oder einer in wüster Weise mechanisch-zufällig gedachten Epigenese sieht, und wie ihm die Möglichkeit eines geklärten vorsichtigen Vitalismus, etwa im Sinne Wolffs, gar nicht ins Bewußtsein kommt.

Man wird vielleicht einwenden, daß ein Forscher, der soviel mit der „Seele" operiere, wie Bonnet, doch als Vitalist zu bezeichnen sei. Im einzelnen führt er eine Leib-Seele-Theorie aber nicht durch. Vielleicht ist er hier Cartesianer gewesen, hätte dann also den Allmechanismus an einer Stelle, nämlich für den aristotelischen νους durchbrochen.

Wie Swammerdam der erste Verkündiger, Bonnet der Begründer, so ist Haller der eigentliche Systematisierer der Evolutionslehre.

Albert Haller (1708-1777), der bekannte vielgebildete Gelehrte und Künstler, kann so recht als der typische Vertreter der Lehre von der Präformation gelten; fast der ganze achte Band seiner umfangreichen „Elementa Physiologiae corporis humani"[1] ist ihr, ist überhaupt allgemeinen Erörterungen gewidmet. Eine so weitgehende Vertiefung der Lehre wie bei Bonnet, ein solches Ringen um Klarheit finden wir aber nicht bei ihm. Alles ist mehr dogmatisch behandelt, ebenso, obschon natürlich in entgegengesetztem Sinne, wie bei Stahl. Vielleicht hat gerade das, vielleicht daneben seine Stellung als maßgebender Professor seinen großen Einfluß bewirkt.

Erscheint uns nun auch Haller nicht gerade als selbständig, so wäre es doch durchaus verkehrt, in ihm den kurzsichtigen Fanatiker zu sehen, als welcher er meist in Geschichtsskizzen darwinistisch-materialistischen Ursprungs erscheint. Schon His hat das mit Recht hervorgehoben. Man pflegt sich bei der Verurteilung Hallers auf einen nicht gerade eindeutigen Goetheschen Spruch zu berufen, angesichts dessen es denn doch als mindestens der Frage wert bezeichnet werden kann, ob sich so etwas wie „Kern" und „Schale" nicht an der Natur unterscheiden lasse, und ob nicht, wer nur die letztere kennt, als „glückseliger", in naiver Bedeutung des Wortes, bezeichnet zu werden verdient. Doch wie dem auch sei: jedenfalls entstellte man Haller ebenso sehr, wie man Wolff entstellte, wenn man dessen Hauptangelegenheit, seinen Vitalismus, seine Ablehnung der Maschinentheorie — man ist versucht zu sagen: „cänogenetisch" — verschwieg.

Kein Forscher jener Zeit ist in solchem Grade auf gegnerische Ansichten eingegangen, wie gerade Haller; in

---

1 Bern 1766. – Ich sage Albert und nicht Albrecht, da Haller sich selbst auf dem Titel „Albertus" nennt.

ganz bewußtem Gegensatz zu diesen Ansichten, die ihn nicht zu überzeugen vermochten, wurde er Evolutionist, wie wir ja denn schon oben erwähnten, daß er anfangs der epigenetischen Schule anhing.

Haller sucht reine Darstellung des Tatsächlichen, mit fast newtonischer Wendung lehnt er Hypothesen ab: „Hypothesin nullam admisi", „Hypotheseos neque umbra subest". Es soll wenigstens nicht auch nur den „Schatten" einer Hypothese bei ihm geben; ein Wunsch, dem der Sachverhalt allerdings nicht entspricht.

Gegen Wolffs vis essentialis wendet er ein[1], daß hier keine Antwort auf die Frage gegeben werde, warum denn jene Kraft bei einer gegebenen Spezies immer den Typus bewahre, anderseits aber so viele verschiedene Typen schaffe, wo doch die unorganische Materie jede beliebige Form annehmen könne. Wir werden Haller hier freilich entgegnen, daß es des Hinzunehmenden auf allen Gebieten der Naturforschung vieles gäbe, und daß sein Einwand doch erst recht auf ihn selbst passe.

Buffon ferner wisse von seinem „modulus interior" so wenig, daß man schon gesagt habe, es sei ein siebenter Sinn nötig, um ihn zu begreifen[2].

Blinde Kräfte aber, wie Cartesianer und Mechanisten, wollen, können nichts Geregeltes aus Regellosem schaffen – was allerdings wenigstens Cartesius, dem die

---

1 „Cur vis ea essentialis, quae sit unica, tam diversas in animale partes semper eodem loco, semper ad eundem archetypum struit, si materies inorganica mutabilis et ad omnem figuram recipiendam apta est? Nulla datur responsio." (l. c. S. 117).

2 Et primum, quid sit modulus interior? adeo non intelligunt clarissimi viri, ut ipsi fateantur, septimo sensu nos egere, ut intelligamus (l. c. S. 122). – Treffend wird gegen Buffon geltend gemacht, daß reife Tiere doch oft gewisse Organe nicht mehr (Larvenorgane von Frosch und Insekten) oder noch nicht (Bart) besäßen und doch vererbten.

Schöpfung ein einmal Geordnetes ist, auch wohl kaum behauptet hatte.

Die organisierende Wirkung von S t a h l s Seele als rein bewußter geistiger Potenz sei durch „Versehen" und ähnliche Dinge denn doch wohl gar zu schlecht bewiesen.

Dann aber bleibt nur das eine übrig, d a ß d e r E m b r y o b e r e i t s f e r t i g d a i s t, wenn die Konzeption stattfindet[1].

Nulla est epigenesis: Neubildung gibt es nicht.

So schließt H a l l e r sich denn also durchaus der Ansicht B o n n e t s an: Gott hat alle Strukturen geschaffen, sie entwickeln sich nicht, sie wachsen nur; kein Teil wird vor dem anderen gebildet, a l l e sind zugleich da: „N u l l a igitur in corpore animali pars ante aliam facta est et omnes simul creatae existunt" (l. c. S. 148).

Mit Hydra und den Phänomenen der Regeneration findet H a l l e r sich ähnlich wie B o n n e t ab; einige Schwierigkeit macht ihm die Rolle des doch eigentlich überflüssigen männlichen Elementes: es fache wohl das Wachstum gewisser Teile an[2]. Auf die natürlich absolut hypothetischen Erörterungen über die Entstehung der Bastarde können wir hier nicht eingehen.

So ist denn also alles erledigt: wenn der fertige Fötus im Ei bereitliegt und nur der Nahrung bedarf, um zu wachsen, dann ist jene „höchste Schwierigkeit gelöst, eine kunstvollste Fabrik aus der rohen Materie aufzubauen"[3].

---

1 „Superest id unicum ut fetus structus et fabricatus sit, quando conceptio accessit" (143).

2 „Spero ostensurum me, esse in semine masculo vim, quae certarum partium corporis animalis incrementum promoveat et tamen fundamentum futuri animalis a matre esse" (175).

3 „Si in matre est primordium fetus, si id structum in ovo est et hactenus perfectum ut unice recepto alimento egeat, ex quo

Geordnete unsichtbare Materie wird also zu geordneter sichtbarer[1]; das muß so sein, und wenn man es nicht sieht, so beweist das gar nichts dagegen!

Das ist wieder klarste Maschinentheorie, statische Teleologie, kein Vitalismus. Wenigstens braucht es keiner zu sein, wenn schon sich Haller über die natürlich auch von ihm benötigten Wachstumsagenzien nicht ausspricht. Auch muß es im unklaren bleiben, wie weit Haller mit den von ihm zwar nicht geschaffenen, aber sehr eingehend diskutierten physiologischen Grundbegriffen, vornehmlich denjenigen der Irritabilität[2] und Kontraktilität, etwas Sondergesetzliches hat bezeichnen wollen; sie könnten auch als nur vorläufig zusammenfassende Begriffe gelten.

Auf Spallanzani, den verdienten Experimentator, der, theoretisch unselbständig, sich Bonnet und Haller in allen allgemeinen Fragen anschloß, haben wir hier, ebenso wie auf viele andere verdiente Männer, nicht einzugehen.

Blumenbach.

In J. F. Blumenbach (1752-1840) erreicht der ältere Vitalismus seinen Höhepunkt und erreicht zugleich dessen zweite Periode ihren Abschluß. Die dritte, auf Kant und die Naturphilosophie folgende Stufe des älteren Vitalismus hat ein Werk von der Klarheit der Blumenbachschen Ausführungen nicht wieder hervorgebracht.

---

convalescat, soluta est illa summa difficultas artificiosissimae fabricae ex bruta materia struendae" (143).

1 „Si viscera paulatim de statu invisibili prodire visa sunt, non ex bruta materie in conspicuam, sed ex male limitata in melius terminatam transiisse adnotavi" (149).

2 Dieser Begriff stammt von Glisson (1596-1677).

Blumenbach benutzt alle Vorteile seiner Vorgänger und vermeidet alle Fehler derselben; am Ende des heftigen Streites über Epigenesis und Evolution stehend und alles für und wider scharf überblickend, hat er eines namentlich aus diesem Streite gelernt: daß man sich unbefangen dem empirisch gegebenen Sachverhalten hingeben soll. Auf diesem Wege kommt er endlich einmal zu etwas, das wirklichen „Beweisen" seiner Ansicht wenigstens ähnlich sieht, und kommt dadurch endlich einmal wesentlich weiter als Aristoteles.

Zwei Schriften geringen Umfanges sind es, in denen Blumenbach uns seine Ansichten mitteilt: Die „Institutiones physiologicae" (Göttingen 1787) und die Schrift „Über den Bildungstrieb" (Göttingen 1789), letztere, nebenbei bemerkt, die erste in deutscher Sprache geschriebene Untersuchung unseres Gebietes.

Die „Institutiones" geben uns eine gute Gelegenheit, die schon anläßlich Hallers gestreifte Lehre der physiologischen Grundfunktionen etwas näher kennenzulernen.

Als „vires vitales", als „Lebenskräfte" zählt Blumenbach in üblicher Art Kontraktilität, Irritabilität und Sensibilität, die Vermögen der Zusammenziehbarkeit, der Reizbarkeit und der Empfindung, auf; sie seien die physiologischen Grundphänomene; welche zusammen mit der „vita propria", mit dem „Eigenleben" der Teile, das Funktionengetriebe bedingen.

Über die Natur dieser Grundkräfte wird nun bei Blumenbach ebenso wie bei Haller nicht näher geredet, und es bleibt unentschieden, ob hier eine Eigengesetzlichkeit des Lebendigen gesehen wurde oder nicht.

Neben die genannten Lebenskräfte tritt als vierte der Bildungstrieb, *„nisus formativus",* sein Bereich ist die Formbildung: er leitet sie, erhält sie durch Ernährung und stellt sie nach Verstümmlungen wieder her; er ist eine den lebenden Körpern eigentümliche Kraft: „peculiaris vis corporibus organicis vivis connata et quamdiu vivunt perpetuo actua et efficax" (Inst. S. 462). „Nisus" wird er genannt, da er ja den „vires", den Kräften in allgemeinerem Sinne, begrifflich untergeordnet ist, als eine vis vitalis neben anderen.

Kurz ist das alles ausgeführt; ganz kurz auch nur wird in den „Institutiones" so etwas wie ein Beweis für das Gesagte durch die Aussage geführt, daß nach Mischung der Geschlechtsflüssigkeiten[1] im Uterus erst der Bildungstrieb wachgerufen werde, daher denn erst in der dritten Woche „trotz so vorzüglicher optischer Instrumente" der Embryo sichtbar sei.

Das ist wohl nicht viel wert; bedeutsam sind aber auch schon in den „Institutiones" zwei methodologische Bemerkungen: einmal wird eine gewisse Verwandtschaft des *Nisus* zu anderen Naturagenzien, wie sie den Lichtenbergschen Figuren und den Kristallen zugrunde liegen, behauptet, und zweitens tut unser Forscher den wichtigen Ausspruch: der nisus formativus sei weniger eine Ursache, als ein „effectus quidam perpetuus sibique semper similis" (463), er bezeichne einen „immer wiederkehrenden und sich ähnlichen Effekt", und in ebendemselben Sinne und in keinem anderen wende man doch auch die Worte „Gravitation" und „Attraktion" an.

Das war in der Tat ebenso richtig wie der Zeit, wenigstens dem zeitgenössischen biologischen Denken, voraneilend gedacht.

In Blumenbachs Schrift „Über den Bildungstrieb" finden wir nun eine vertiefte Ausführung alles in den

---

1 Die Spermatozoen sind nach Blumenbach „Würmchen in einem stagnierenden Saft" (Bildungstrieb, S. 11). Gegen ihre Bedeutung spreche, daß sie bei ähnlichen Tieren oft sehr verschieden, bei verschiedenen oft fast identisch seien.

„Institutiones" Angedeuteten: ein richtiges System des Vitalismus.

Eine gute geschichtliche Skizze leitet diese Schrift ein; dann folgt eine Bemerkung über sich selbst, daß nämlich der Autor früher ein Anhänger des Evolutionismus gewesen sei, also den umgekehrten Entwicklungsgang wie Haller durchgemacht habe. Sein Buch enthalte also „das Geständnis eigener Irrtümer" (19); aber:

„Ein verbesserter Irrtum wird oft zu einer ungleichwichtigeren Wahrheit als manche positive Wahrheiten, die unmittelbar als solche erkannt werden" (nach De Luc).

Blumenbach wiederholt nun die früher mitgeteilte Definition des Bildungstriebes; er betont aufs neue, daß dieser Trieb neben den „übrigen Arten der Lebenskraft" und neben den „allgemeinen physischen Kräften der Natur" stehe.

Und dann folgt eine weitere Ausführung jener vortrefflichen methodologischen Erörterung über die begriffliche Parallele zwischen „Bildungstrieb" und „Schwere": „Das Wort Bildungstrieb, so gut wie die Worte Attraktion, Schwere usw., soll zu nichts mehr und nichts weniger dienen, als eine Kraft zu bezeichnen, deren konstante Wirkung aus der Erfahrung anerkannt worden, deren Ursache aber so gut wie die Ursache der genannten, noch so allgemein anerkannten Naturkräfte für uns qualitas occulta ist" (25f.).

Es kann gar nicht nachdrücklich genug gerade auf diese begriffskritische Wendung Blumenbachs hingewiesen werden. Wären sich alle „Vitalisten" der Notwendigkeit solcher begrifflicher Sauberkeit stets bewußt geblieben: wahrlich, der, späteren, teilweise sicherlich, wie die Verhältnisse lagen, berechtigten Kritik und Ablehnung der vitalistischen Lehren seitens eines Lotze, eines Claude Bernard wäre der Boden entzogen gewesen.

Man höre aber, wie ein Zeitgenosse Blumenbachs, der jung verstorbene, verdiente Histologe und Pathologe X. Bichat (1771-1802), der auch einen, freilich nicht bewiesenen und sich in keiner Weise auf die Phänomene der Formbildung gründenden Vitalismus vertritt und auch sogar seine „propriétés vitales" mit der gravité, élasticité usw. auf eine Stufe zu stellen behauptet, von der Gesetzlichkeit des Vitalen denkt. Gerade des Gegensatzes wegen setze ich einen längeren Passus aus dem ersten Bande seiner „Anatomie géneralé"[1] hier ungekürzt hin:

„Les lois physiques sont constantes, invariables; elles ne sont sujettes ni à augmenter ni à diminuer. Dans aucun cas une pierre ne gravite avec plus de force vers la terre qu'à l'ordinaire." „La formule étant une fois trouvée, il ne s'agit que d'en faire l'application a tous les cas." „Au contraire, à chaque instant la sensibilité, la contractilité s'exaltent, s'abaissent et s'alterent; elles ne sont presque jamais les mêmes." „Toutes les fonctions vitales sont susceptibles d'une foule de variétés. Elles sortent fréquemment de leur degré naturel(!); elles échappent à toute espèce de calcul; il faudroit presque autant de formules, que de cas qui se présentent. On ne peut rien prévoir, rien prédire, rien calculer dans leurs phénomènes. Que deviendroit de monde, si les lois physiques étoient sujettes aux mêmes agitations, aux mêmes variations que les lois vitales!" (Anat. S. LIIff).

Eine seltsame Vorstellung vom Wesen des Naturgesetzes!

Und dabei bringt Bichat sonst manches Gute bei, wie z. B. die Scheidung der „propriétés vitales" von den „propriétés de tissu", von denen letztere nur durch die

---

1 Paris. An X. (1801.) Vgl. ferner die „Recherches physiologiques sur la vie et la mort". 4. Auflage. Paris 1822.

Struktur bedingt sind und mit ersteren zusammen die „vita propria" ergeben; wie die Bezeichnung der Tierchemie als „l' anatomie cadavérique des fluides" (Rech. S. 102) und ihre Eliminierung aus der wahren Physiologie; wie die Forderung, man müsse in der Forschung „remonter des phénomènes aux principes, et ne pas descendre des principes aux phénomènes" (Rech. p. XIII) usw.

Aber es mangelt hier eben an einem ganz wesentlichen Methodologischen, an der Erkenntnis des Naturgesetzlich-Festen im Vitalen, und gerade deshalb tritt durch ihren Gegensatz zu den Lehren eines an und für sich sehr verdienstlichen Biologen Blumenbachs Bedeutung so besonders klar hervor.

Gehen wir nun weiter den Gedankengängen des deutschen Forschers nach.

Nach kurzer, nicht ganz sachgemäßer Bezugnahme auf Wolff, dessen vis essentialis eigentlich nur Nährstoff treibend und insofern nur „ein Requisit" des Bildungstriebes sei[1], nach Worten großer Anerkennung für seinen Gegner Haller, schreitet er zu den Beweisen seiner Lehre:

Gegen die „Präformation" und für „Epigenesis" sprechen folgende Erscheinungen: erstens die Gallen; zweitens die Entstehung neuer Blutgefäße um abgekapselte Geschwülste und Fremdkörper; ferner die Bildung neuer Gelenke nach Knochenbrüchen; weiter die Tatsachen der Bastardierung, deren Bedenklichkeiten für ihre Lehre ja die Evolutionisten selbst zugeben; endlich die reine Beobachtung. Es werde eben doch Neues im Laufe der Entwicklung gebildet, und dieses sei im Keim ebensowe-

---

1 Sie komme doch auch bei Geschwülsten in Betracht; umgekehrt bei schlechter Ernährung trotz vorhandenen Bildungstriebes nicht. Hier mißversteht B. offenbar Wolff.

nig als Form enthalten wie der Dianabaum im Silber-
amalgam,

Auf die Entwicklungsgeschichte von Algen und von
der Hydraknospe weist Blumenbach besonders hin,

Wollen wir ganz streng sein, so beweisen alle diese
Dinge nun allerdings nur die Epigenesis, nicht, wie unser
Autor will, ohne weiteres vitale Eigengesetzlichkeit: der
Begriff des formativen Wachstumgetriebes, der
Begriff der inneren Struktur ist ihm fremd; daß auf
Grund gegebener minutiöser Struktur, deren Teile aufeinander wirken, die Entstehung des Organismus prinzipiell nicht verstanden werden könne, das müßte zum
wirklichen Beweise des Vitalismus gezeigt werden. Immerhin war das von Blumenbach als Beweis Vorge-
brachte das beste, wozu ihm seine Zeit die Mittel gab,

Bedeutend vertieft wird nun alles noch durch Bemerkungen über „Reproduktion", d, h. über Restitution
in unserer Sprechweise: hier gehe der neue Stoff aus
dem alten hervor, wie denn bei Hydra der regenerieren-
de Stamm kleiner werde; Entsprechendes gelte bei der
Heilung großer Wunden. Man habe hier nun zwar auch
versucht, mit der Annahme präexistierender Keime aus-
zukommen, aber das gehe gar nicht an bei den Phänomenen der Pfropfung oder wenn eine längsgespaltene
Hydra sich durch Zusammenrollen ihrer Längswundrän-
der schließt oder in ihrem Innern eine neue Bauchhöhle
bildet.

Überhaupt müsse man scharf diejenige Art der Wiederherstellung, bei welcher neuer Stoff erzeugt werde,
trennen von derjenigen, bei welcher „nur die gestörte
Bildung wiederhergestellt zu werden braucht: eine Art
von Reproduktion, die um so sorgfältiger von den übrigen unterschieden und abgesondert werden muß, je
weniger sie sich mit den prätendierten Keimen vergleichen läßt, und je größer hingegen das Übergewicht ist,
das die Lehre vom Bildungstrieb durch sie erhält".

C. „Evolution" und „Epigenesis".

Hier glaubt man wahrlich einer entwicklungsphysio-logischen Erörterung aus den neunziger Jahren des ver-flossenen Jahrhunderts beizuwohnen: sowohl Roux als dem Schreiber dieses Buches gegenüber hat hier Blu-menbach in einer sehr wichtigen Sache, nämlich in der Aufstellung des Begriffs nicht-regenerativer Restitution[1], die Priorität!

Und nun kommt gar noch ein Gedanke, durch den unser Forscher Gustav Wolff gegenüber „Priorität" beanspruchen kann: Wie solle doch wohl bei Heilungen und ähnlichem, angesichts der Zufälligkeiten dieser Din-ge, alles präformiert sein? „Es wäre eine starke Zumu-tung, jemand davon zu überreden." Solches ist in klars-ter Form der Begriff der „primären Zweckmäßigkeit", der hier, wie bei G. Wolff, gegen die Präformation und für vitale Auffassungsart ins Feld geführt wird.

Dem Mitgeteilten gegenüber treten die näheren Aus-führungen Blumenbachs über die Art und Weise der Wirkung seines Bildungstriebes, als der Natur der Sache nach sehr unbestimmten und vorläufigen Charakters, an Bedeutung zurück, und es bedarf höchstens noch der Mitteilung, daß auch Mißbildungen noch bestimmten Bahnen folgen, noch „an sehr bestimmte Gesetze ge-bunden" seien, obwohl hier äußere Ursachen die Leis-tungen des Bildungstriebes stören.

So stehen wir denn am Ende der zweiten Periode des älteren Vitalismus und, wie schon gesagt, zugleich an seinem Höhepunkt. Vergleichen wir Anfang und Ende dieser Periode, also Harvey und Stahl auf der einen mit C. Fr. Wolff und Blumenbach auf der anderen Seite, so fällt vor allem eines auf: aus einem Anhängsel der Philosophie, aus einer Lehre, welche ihre Prinzipien

---

1 Unter „Regeneration" wird von uns nur die durch Sprossung von der Wundfläche aus geschehende Wiederherstellung entnomme-ner Teile verstanden.

fertig aus der vorliegenden philosophischen Dogmatik – und alle Philosophie beinahe war ja noch Dogmatik – bezog, ist die Biologie zu einer klar und fest fundierten Naturwissenschaft geworden. Erst jetzt, erst am Ende der zweiten Periode des älteren Vitalismus ist man über die Leistungen der ersten, ist man über Aristoteles hinausgekommen. Das war C. Fr. Wolffs und vor allem Blumenbachs Verdienst.

D. Kants „Kritik der Urteilskraft".

Unsere Aufgabe ist es nicht, eine Philosophiegeschichte zu schreiben oder auch nur vollständig zu vermerken, was dieser und jener Philosoph aus seinem System heraus über Biologisches gedacht habe. Nur wenn eine philosophische Lehre den Typus der Biologie auf einen langen Zeitraum hin durchgreifend beeinflußt, haben wir darauf kurz die Aufmerksamkeit gelenkt und werden sie darauf lenken: ersteres war in bezug auf die Lehren des Descartes und Leibniz der Fall, letzteres wird mit Rücksicht auf die Theoreme der sogenannten „deutschen Idealisten" und Schopenhauers der Fall sein.

Wenn wir mit Kant eine Ausnahme von unserem Vorgehen machen, wenn wir vorhaben, den Inhalt seiner „Kritik der Urteilskraft" sogar besonders eingehend hier zu analysieren, so hat das seinen Grund in der außerordentlichen, durchaus ungewöhnlichen Bedeutung, welche dieses Buch bis auf unsere Zeit hin gewonnen hat. Nicht daß ich glaubte, es hätten allzu viele der heutigen Biologen Kants Werk gelesen; ich weiß vielmehr, daß das nur sehr wenige getan haben. Aber man hat davon gehört von einem anderen, der auch davon gehört hat, und dann läßt man sich auch darüber hören. Dieser Mißstand muß aufhören, und dazu hoffen wir wenigstens ein Geringes beitragen zu können.

An und für sich betrachtet, würde Kants Werk, seiner grundlegenden und einzigartigen Bedeutung unbeschadet, nicht eine so eingehende Analyse in einem der Geschichte naturwissenschaftlicher Lehren gewidmeten Buche erfordern; denn, um dieses eine Wichtige allem vorauszuschicken:

Man würde sehr fehlgreifen, wenn man annehmen wollte, die Zergliederung biologischer Fragen sei der eigentliche Zweck gewesen, den Kant bei Abfassung seiner „Kritik der Urteilskraft" verfolgte; ja, nicht einmal der sich als Ergänzung der Vernunftkritik nebenbei ergebende Satz, daß der Schluß von der Zweckmäßigkeit der Natur auf einen persönlichen Schöpfer derselben unerlaubt sei, war dieses Buches eigentliches Ziel.

Am Anfang und am Schluß des Buches steht deutlich zu lesen, was Kants eigentliche Absicht gewesen ist:

Die Welt der Natur und die Welt der Freiheit sind zwei verschiedene Welten, die an und für sich ohne Einfluß aufeinander sind; aber die Welt der Freiheit soll, nämlich im menschlichen sittlichen Handeln, Einfluß auf die andere Welt gewinnen. Daher muß die Natur so gedacht werden können, daß das möglich ist; es muß einen Grund der Einheit des Übersinnlichen, das der Natur zugrunde liegt, und des Inhalts des Freiheitsbegriffes geben: dieser Grund ist der Zweckgedanke.

Das Ziel der „Kritik der Urteilskraft" ist also ethisch, nicht naturphilosophisch. Die Teleologie soll Natur und Moral versöhnen.

Was das heißen solle, ob es überhaupt und ob es in der Kantischen Form möglich ist, das geht uns nun in diesem Buche durchaus nichts an: wir müssen aber wissen, was Kant wollte, um sein Vorgehen nicht grundsätzlich falsch zu beurteilen.

Von Windelband ist einmal Kants „Kritik der Urteilskraft" als bestes seiner Werke bezeichnet worden. Wir wollen über dieses Urteil nicht rechten, soweit das

Ganze des Werkes im Ganzen von Kants Gedankenwelt in Betracht kommt. Soweit uns der Inhalt der dritten Kritik näher angeht, in Hinsicht der Sonderausführung einer Kritik der teleologischen Urteilskraft können wir aber jenem Lobe nicht beipflichten: die Durchführung dieser Aufgabe ist weit entfernt von der Klarheit der Vernunftkritik, ganz besonders, wenn man an deren erste Hälfte denkt; fortwährende Wiederholungen, zum Teil einem eigensinnigen Schematismus zuliebe durchgeführt, machen die Lektüre ermüdend und nicht gerade immer klarer, und das Endergebnis bleibt gerade in Hinsicht des Biologischen, wie wir sehen werden, zweifelhaft, oder doch wenigstens nicht ganz eindeutig entschieden; daher denn auch Vertreter der allerverschiedensten biologischen Ansicht, meist allerdings, wie gesagt, nicht gerade nach tiefer Einsichtnahme der Kantischen Lehren, sein Buch zu ihren Gunsten auslegen konnten.

Die Urteilskraft ist das Vermögen, das Besondere als im Allgemeinen enthalten zu erkennen; sie ist bestimmend, wenn unter das gegebene Allgemeine subsumiert wird, sie ist reflektierend, wenn zum gegebenen Besonderen das Allgemeine gesucht wird.

Soll die Gesamtheit des der äußeren Erfahrung Gegebenen in diesem Sinne reflektierend beurteilt werden, so braucht man ein Prinzip, das nicht von der Erfahrung entlehnt wird, sondern welches die reflektierende Urteilskraft sich selbst gibt. Es gibt nun ein solches Prinzip, und zwar sagt dieses aus, daß Natur dergestalt unter dem Gesichtspunkt einer Einheit zu betrachten sei, als ob ein Verstand sie für unser Erkenntnisvermögen passend gemacht habe. Aber es handelt sich hierbei um ein Gesetz nur für die reflektierende Urteilskraft, nicht für Natur.

Es ist nun „Zweck" der Begriff von einem Objekt; sofern er zugleich den Grund zur Wirklichkeit des Objektes enthält; Zweckmäßigkeit der Form eines Dinges ist seine Übereinstimmung mit derjenigen Beschaffenheit der Dinge, welche nur nach Zwecken möglich ist: Zweckmäßigkeit der Natur ist also jenes Prinzip der reflektierenden Urteilskraft, und zwar ein „transzendentales Prinzip"[1].

Der Satz vom kürzesten Weg, das Fehlen der Sprünge in der Natur, ihre Mannigfaltigkeit trotz Einheit der Prinzipien sind Beispiele[2] für das Gesagte. In allen diesen Fällen wird nicht gesagt, wie geurteilt wird, sondern wie geurteilt werden soll.

Es gilt scharf zwischen den a priori erkannten „allgemeinen Gesetzen der Gleichförmigkeit" der Natur und der „Spezifizierung" dieser Gesetze nach dem Prinzip der Zweckmäßigkeit zu scheiden. Nach dem Erörterten entspricht also die Mannigfaltigkeit der Natur in Hinsicht ihrer Besonderheiten, ihrer besonderen Tektonik unserem „Bedürfnis" nach dem Prinzip der Zweckmäßigkeit, während die allgemeine Form der Naturgesetzlichkeit überhaupt schon durch die Kategorienlehre erledigt ist; daher denn auch nur die Auffindung der ersten, nicht die Erkenntnis der zweiten Lust erzeugt. Das, was hier „zweckmäßig" ist, und zwar mit Beziehung auf unseren erkenntnismäßigen Wunsch, ist also, kurz gesagt, die „glückliche Tatsache" (Lotze) der Systematisierbarkeit der Natur, eine Tatsache, von der übrigens Kant nur in der Einleitung

---

1 Also keine „Kategorie".

2 Das erste Beispiel dürfte denn doch anderen Charakters sein als die beiden letzten: es bezieht sich auf Kausalität, auf Veränderungsgesetzlichkeit, diese beiden aber beziehen sich auf Tektonik der Natur. Kant macht, wie unser Text sogleich zeigen wird, selbst diesen Unterschied.

seines Werkes redet.

Es beurteilt nun nach Kant die ästhetische Urteilskraft die formale Zweckmäßigkeit durch das Gefühl der Lust und Unlust, die teleologische Urteilskraft aber beurteilt die reale Zweckmäßigkeit durch Verstand und Vernunft. Erstere beurteilt nach einer Regel, aber nicht nach Begriffen; letztere ist die reflektierende Urteilskraft überhaupt, sie beurteilt, wie alle Erkenntnis, nach Begriffen, aber „in Ansehung gewisser Gegenstände" nach „besonderen Prinzipien"[1]. Über die Seltsamkeit des Unternehmens, die ästhetische Schau dem Begriff der Zweckmäßigkeit überhaupt, sei es auch nur in „formalem" Sinne, zu subsumieren, ist hier natürlich zu reden nicht der Ort.

Soweit die begriffsklärende, nicht ganz leicht verständliche Einleitung des Werkes. Es folgt die Kritik der ästhetischen Urteilskraft, die uns hier fernliegt; ihr folgt die Kritik der teleologischen Urteilskraft, und zwar zunächst als „Analytik".

Ehe wir zu ihrer Darstellung schreiten, merken wir an, daß in der Einleitung ganz offenbar eine Verwechslung von Allgemeinheit mit etwas anderem, das Kant „Zweckmäßigkeit" nennt, das aber wohl passender Ganzheit heißen sollte, vorliegt. Wenn nämlich die reflektierende Urteilskraft vom Besonderen aus das Allgemeine finden will – und das ist nach Kant ihr defintorisch festgelegtes Wesen –, so sollte man eigentlich nur so etwas wie etwa die Auffindung des (allgemeinen) Newtonischen Gesetzes aus den (besonderen) Gesetzen Keplers ihr zuschreiben. Aber was hier plötzlich der Zweckbegriff zu tun haben soll, ist nicht klar, womit natürlich nicht der Bedeutung dieses Begriffs, sondern nur die Legitimität seiner (sehr gekünstelten) Einführung bestritten werden soll.

---

[1] Also abermals: Teleologie ist nach Kant keine „Kategorie".

Die Analytik beginnt mit der abermaligen Ablehnung der kategorialen Natur der Zweckmäßigkeit: es ist „in der allgemeinen Idee der Natur" a priori kein Grund dafür, daß Naturdinge einander Mittel und Zweck seien, und daß nur nach teleologischer Kausalität ihre Möglichkeit verständlich sei. Teleologie wird also nur problematisch, nur analogienhaft zur Naturforschung gezogen, ohne die Anmaßung einer Erklärung, d. h. eben nur im Sinne reflektierender Urteilskraft. Man hat so wenigstens eine Regel als Prinzip, wo Kausalität, wie noch näher zu erörtern ist, nicht genügt.

Teleologie ist also nur ein regulatives Prinzip der Beurteilung; sie als konstitutives Prinzip ansehen würde aber bedeuten, „eine neue Kausalität in die Naturwissenschaft einführen, die wir doch nur von uns selbst entlehnen und anderen Wesen beilegen, ohne sie gleichwohl mit uns als gleichartig annehmen zu wollen".

Hier stoßen wir auf die erste Stelle des Kantischen Werkes, welche biologisch bedeutsam, zugleich freilich etwas dunkel erscheint. Es ist ja allerdings an diesem Orte noch nicht die Rede davon, auf was in der Natur im besonderen denn eigentlich der Zweckmäßigkeitsbegriff angewendet werden solle, also ist auch noch nicht ausgemacht, inwiefern denn etwa „eine neue Kausalität eingeführt" werden würde durch Zulassung der Zweckmäßigkeit als konstitutiven Prinzips, ob als Schöpfung oder als Kausalitätsart innerhalb der Natur; eines aber wird klar ausgesagt, daß wir diese „neue Kausalität" „von uns selbst entlehnen". Da „wir" nun zur Natur gehören, so gibt es also denn doch wohl diese „neue Kausalität" irgendwo und irgendwie in der Natur!

Doch sollten diese Bemerkungen nur die Aufmerksamkeit anregen, und wir gehen einstweilen weiter:

Nach kurzen Bemerkungen über objektive, aber bloß formale Zweckmäßigkeit, wie zum Beispiel diejenige mancher geometrischer Figuren zur Lösung von Problemen, eine recht seltsame, wenig in den Zusammenhang passende Angelegenheit übrigens, behandelt Kant nun der Reihe nach als „objektiv-materiale Zweckmäßigkeit": die relative Zweckmäßigkeit in der Natur, die Dinge als Naturzwecke und die Natur als System der Zwecke.

Von objektiver materialer Zweckmäßigkeit kann nur die Rede sein, wenn ein Verhältnis von Ursache und Wirkung vorliegt, „welches wir als gesetzlich einzusehen uns nur dadurch vermögend finden, daß wir die Idee der Wirkung der Kausalität der Ursache, als die dieser selbst zum Grunde liegende Bedingung der Möglichkeit der ersteren unterlegen". Solche Zweckmäßigkeit ist nun relativ, wenn sie bloß Mittel zu anderem Zweck ist, wie z. B. der Flußschlamm für das Wachstum der Pflanzen. In solchem Fall kann sehr wohl auch ohne Teleologie die Wirkung aus der Ursache begriffen werden; es handelt sich um „zufällige" Zweckmäßigkeit oder bloße „Zuträglichkeit", die natürlich überhaupt nur einen Sinn hat, wenn sie in Hinsicht auf einen wirklichen „Naturzweck" gilt. Als tiefer bedeutsam erscheint nur die relative Zweckmäßigkeit der Geschlechter in bezug aufeinander.

Also, so möchten wir beifügen, kann relative Zweckmäßigkeit eben doch bedeutsam sein. Uns scheint, als habe das· Problem der relativen Zweckmäßigkeit eine größere Verwandtschaft zum Problem der „Natur als System der Zwecke", als Kant anzunehmen scheint.

Ein Ding ist nun aber unbegreiflich durch den „Mechanismus der Natur", und wir sind genötigt, eine Ursache, „deren Vermögen zu wirken durch Begriffe bestimmt wird", einzuführen, wenn „seine Form nicht nach bloßen Naturgesetzen möglich ist, d. h. nach solchen, welche von uns durch den Verstand allein, auf Gegenstände der Sinne angewandt, erkannt werden können", sondern wenn „Begriffe der Vernunft" einzusetzen haben. Die Form solches Dinges erscheint hier kausal „zufällig".

Kant untersucht nun, wann dieser Fall vorliege: er liege z. B. vor, wenn man in einer Wildnis die Zeichnung einer geometrischen Figur finde. Die Zufälligkeit solcher würde so groß sein, „als ob es dazu gar kein Naturgesetz gäbe", und man würde ausrufen: „vestigium hominis video"[1].

Hier handele es sich nun um ein Produkt der Kunst.

Ein „Naturzweck" aber liegt vor, „wenn ein Ding von sich selbst (obgleich in zweifachem Sinne) Ursache und Wirkung ist". Kant erläutert das zunächst durch Schilderung dessen, was man heute Entwicklungsgeschichte oder Ontogenie nennt, um sodann zu begrifflicher Vertiefung überzugehen:

Damit ein Ding als Naturzweck gelte, müssen seine Teile „nur durch ihre Beziehung auf das Ganze möglich und wechselseitig voneinander Ursache und Wirkung ihrer Form sein". Die Idee des Ganzen muß „Form und Verbindung aller Teile" bestimmen, „nicht als Ursache — denn dann wäre es ein Kunstprodukt — sondern als Erkenntnisgrund der systematischen Einheit der Form und Verbindung alles Mannigfaltigen, was in der gegebenen Materie enthalten ist, für den, der es beurteilt".

Es erscheint passend, hier die Bemerkung einzuschalten, daß im Sinne einer rein deskriptiven Teleologie, welche über die eigentliche Naturgesetzlichkeit der „Naturzwecke" noch gar nichts ausmacht, die letzthin vorgeführten Kantischen Ausführungen wohl am sachgemäßesten verstanden werden: es soll ein Kennzeichen aufgefunden werden für Naturdinge, bei denen teleologische Beurteilungsart im vorläufig orien-

---

1 Bütschli (Verh. Nat. Med. Verein Heidelberg 7, 1904) hat, und zwar, wie uns scheint, mit Recht, gegen das „vestigium hominis video" eingewendet, daß die Sprungfiguren erstarrender, gelatinöser Lösungen auch mathematisch regelmäßige Figuren ergeben. Ja, er hätte wohl bloß an Schneeflocken zu erinnern brauchen.

tierenden Sinne – und nur solche, nicht mehr – einzusetzen hat.

Kant erörtert nun die Unterschiede zwischen Artefakten und Naturzwecken noch tiefer: Beim Artefakt liegt die Ursache „nicht in der Natur ihrer Materie", sondern in einem nach Ideen wirkenden Wesen, beim Organismus nicht. Das Artefakt also, wenn es eine Maschine ist, hat „lediglich bewegende Kraft", der Organismus hat auch „bildende" Kraft, „welche der Mechanismus nicht erklärt". Die organisierte Natur ist also kein „Analogon der Kunst", wenigstens würde das zu wenig besagen. Eher ist sie ein „Analogon des Lebens", aber bei solcher Auffassung muß man entweder „die Materie als bloße Materie mit einer Eigenschaft begaben, die ihrem Wesen widerstreitet (Hylozoismus)" oder ihr ein „fremdartiges" Prinzip, eine Seele beigesellen, und im letzteren Falle steht wieder nur die Möglichkeit offen, schon organisierte Materie der Seele als Werkzeug zu geben, wodurch nichts erklärt wird, oder aber „die Seele zur Künstlerin dieses Bauwerks zu machen und so das Produkt der (körperlichen) Natur zu entziehen".

„Genau zu reden, hat also die Organisation der Natur nichts Analogisches mit irgendeiner Kausalität, die wir kennen" und das, obwohl der nach teleologischer Kausalität handelnde Mensch mit zur „Natur im weitesten Verstande" gehört.

Naturzwecke sind also nach keiner Naturkausalität im weitesten Sinne erklärlich; der Begriff des Naturzwecks ist durchaus nur regulativ für die reflektierende Urteilskraft; man spricht immer nur so, „als ob" etwas wäre, „will aber keinen besonderen Grund der Kausalität" einführen, auch keinen „Werkmeister" über sie stellen.

Hier endet die Erörterung über Dinge als „Naturzwecke", welche ganz vornehmlich das eigentliche Problem des Vitalismus angeht.

Ich denke, man wird zugeben müssen, daß Kants Erörterung in hohem Grade unbefriedigend ist für eigentlich biologische Aufgaben:

Es könnte zunächst so scheinen, als wolle Kant nichts
weiter als einer rein deskriptiv-teleologischen Beurteilungsart logische Natur klarstellen, aber lediglich
deskriptiv-teleologisch redet Kant hier doch nicht über
Biologisches, da er ja den Menschen, wenigstens als
„Phänomenon", zur Natur zählt und für ihn, bzw. für
sein Handeln, Elementargesetzlichkeit teleologischer Art,
wenn schon ohne eigentlich analytische Beweisführung,
zuläßt: der Mensch ist aber doch ein Lebewesen, also
ist Kant für gewisse Phänomene gewisser Lebewesen „Vitalist" unserer Definition, mag er selbst diesen
Schluß ziehen oder nicht.

Nach dieser vorläufigen Ermittlung fragen wir uns
verwundert, warum unser Philosoph denn die Möglichkeit einer allgemeinen Erkenntnis der Kausalitätsart
des Organischen ablehnt:

Sehr dunkel erscheint zunächst die Wendung, daß die
organische Natur ein „Analogon des Lebens" noch eher
als ein Analogon der Kunst sei, wo doch gerade das Leben untersucht wird. Da finden wir nun in den „Metaphysischen Anfangsgründen der Naturwissenschaft" die
Definition: Im Gegensatz zur Trägheit der Materie, welche Leblosigkeit bedeute, heiße „Leben das Vermögen
einer Substanz, sich aus einem inneren Prinzip zum
Handeln, einer endlichen Substanz, sich zur Veränderung, und einer materiellen Substanz, sich zur
Bewegung oder Ruhe, als Veränderung ihres Zustandes,
zu bestimmen". Das einzige bekannte innere Verände-
rungsprinzip einer Substanz nun sei Begehren, die einzige bekannte innere Tätigkeit Denken; diese Bestim-
mungsgründe aber seien nicht „Vorstellungen äußerer
Sinne" und also nicht „Bestimmungen der Materie als
Materie". „Also ist alle Materie als solche leblos"; solches sage der Trägheitssatz, weiter nichts.

Erwägen wir den Sinn dieser Worte in Beziehung auf die Ausführung über die Naturzwecke, so könnte man letztere vielleicht so fassen, daß gesagt sein solle: die organisierte Natur sei kein „Analogon der Kunst", insofern sie nicht durch etwas außer ihr organisiert, nicht „geschaffen" sei; sie sei eher ein „Analogon des Lebens" im Sinne des uns als elementargesetzlich allein bekannten menschlichen, auf Begehren und Denken als internen Faktoren beruhenden Handelns, also im Sinne des „Er-lebens", d. h. des Psychischen. Bei solcher Auffassung ist klar, daß „Materie als bloße Materie" in diesem Sinne allerdings nicht (in hylozoistischem Sinne) „leben" kann, wodurch alle uns später noch angehenden „Lebensstofftheorien" abgelehnt werden[1]. Es ist aber anderseits nicht klar, warum dadurch, daß ein „fremdartiges Prinzip" der Materie beigesellt wird, welches die „Künstlerin dieses Bauwerks", d. h. der organisierten Natur, ist, „das Produkt der Natur entzogen" werden soll, auf Grund welcher angeblichen Sachlage Kant nun auch einen Vitalismus irgendwelcher Art ablehnt.

Hat doch Kant ausdrücklich den handelnden Menschen als Phänomenon der Natur beigesellt! Und dieser besitzt doch teleologische Kausalität!

Warum kann da nicht, so fragen wir in moderner Wendung, die organisierte Welt wenigstens hypothetischerweise nach Analogie dieser im phänomenologischen Sinne wirklichen Sonderkausalität erklärt, oder besser gesagt, formuliert werden?

---

1 Man vergleiche auch die Sätze aus der Dialektik der Urteilskraft: „Aber die Möglichkeit einer lebenden Materie (deren Begriff einen Widerspruch enthält, weil Leblosigkeit, inertia, den wesentlichen Charakter derselben ausmacht), läßt sich nicht einmal denken." Nur ein Zirkel kann nach Kant die Zweckmäßigkeit aus dem Leben der Materie ableiten.

Wir sehen jetzt wohl ein, daß, wie wir anfangs sagten, ungefähr jede Ansicht sich aus der Urteilskraftkritik ihre Stützen holen könne, zumal wenn sie ins Auge faßt, was Kant ablehnt. Kant lehnt nämlich ab: erstens, daß die organisierten Wesen geschaffene Maschinen seien, zweitens, daß sie aus einer besonderen Materienart entspringen, drittens, daß sie vitalistischer Eigengesetzlichkeit verdankt werden. Solche Eigengesetzlichkeit gibt er aber für den handelnden Menschen als Bestandteil der Erscheinungswelt zu! Man könnte aus seinen drei Ablehnungen vielleicht den Schluß ziehen, daß er, was sich ja mit seiner Schlußfolgerung in Hinsicht der Herkunft des Ganzen der tektonischen Welt decken würde, die organisierten Wesen Maschinen sein läßt, nach deren Herkunft nicht zu fragen, welche „gegeben" seien, dann wäre er „statischer Teleologe", obschon immer die Ausnahme für den handelnden Menschen bestehen bliebe.

Aber „statische Teleologie" wäre doch auch eine positive Behauptung, es würde über die Art des Zweckmäßigen, daß es nämlich nicht eigengesetzlich, sondern durch eine Tektonik bedingt sei, doch etwas Bestimmtes ausgesagt, obschon der Ursprung derselben im dunklen bliebe. Mit statischer Teleologie würde die eine von zwei Alternativen bejaht, der „Vitalismus" würde verneint. Aber Kant will über die Gesetzlichkeit der Organisation gar nichts weder bejahen noch verneinen, wenigstens an dieser Stelle nicht; ausdrücklich nennt er am Schluß der Analytik den Begriff Naturzweck „durchaus nur regulativ", und das, obwohl er, was immer wieder betont sein muß, den eigengesetzlich handelnden Menschen zur Natur rechnet.

Es scheint uns, daß hier Kant zu berichtigen ist, daß man nicht bei deskriptiver, rein „regulativer" Teleologie in Hinsicht der Organisation stehenzubleiben habe; denn nach unserer Ansicht ist durchaus nicht einzusehen, warum sich zwischen zwei deutlich erkannten Alternativen rein natursachlicher Art nicht solle eine empirische Entscheidung treffen lassen.

Doch wir werden bald wiederum Gelegenheit haben, die Dunkelheiten der Kantischen Ausführungen in noch anderer Form, und zwar mit etwas deutlicherer Hinneigung zum Vitalismus, kennenzulernen, und wenden uns abschließend erst in Kürze den Betrachtungen über die „Natur überhaupt als System der Zwecke" zu.

„Ein Ding seiner inneren Form halber als Naturzweck beurteilen ist ganz etwas anderes, als die Existenz dieses Dinges für Zweck der Natur halten." Um aber letzteres in bedeutungsvoller Weise zu können, dazu müßte man die Kenntnis eines „Endzwecks" haben. Diese fehlt aber. Also ist das Problem unbehandelbar und ist nur noch zu bemerken, daß natürlich zu einem „System der Zwecke" auch Dinge gehören können, welche keine „Naturzwecke" sind.

Mit diesen für unsere biologischen Absichten weniger bedeutungsvollen Erörterungen endet die „Analytik der teleologischen Urteilskraft".

In der Dialektik der teleologischen Urteilskraft tritt im Grunde alles in der Analytik Erörterte fortgesetzt wieder auf, nur in anderer Form und immer mit dem Schlusse, daß ein Schöpfer durch die Zweckmäßigkeit der Welt nicht bewiesen werden könne. Die dem Schematismus der Vernunftkritik zuliebe ersonnenen angeblichen „Antinomien" haben eine tiefere Bedeutung nicht. Wir können uns hier kürzer fassen als bei Erörterung der Analytik.

Vor allem muß nun klar erkannt werden, daß das Realistische des Kantischen Standpunktes in der Kritik der Urteilskraft und besonders in deren uns jetzt interessierendem Abschnitt weit deutlicher in den Vordergrund tritt als in der Vernunftkritik und zumal in deren ersten Ausgabe: die Natur ist fortwährend als ein Reales gefaßt, das anders „sein könnte, als es uns erscheint", und das anderes „leisten" könne, als wir „verstehen" können. Nicht aber ist für Kant die Natur eine Vorstellung, deren „Gesetze" eben das wären, was er an ihr formuliert hätte, so daß ein „Verstehen" und „Nicht-verstehen"" gar nicht in Frage käme.

Die Unmöglichkeit mechanischer Erzeugung der Organismen, sagt nun Kant in seinem realistischen Sinne, können wir „nicht beweisen", weil wir „die unendliche Mannigfaltigkeit der besonderen Naturgesetze ihrem ersten inneren Grunde nach nicht einsehen". Das „produktive Vermögen der Natur" möge aber wohl auch für das von uns teleologisch zu Beurteilende zulangen, „ebensogut, als für das, wozu wir bloß ein Maschinenwesen der Natur zu bedürfen glauben". Daß der Mechanismus „respektive auf unser Erkenntnisvermögen" aber keine Erklärung geben könne, sei ganz gewiß.

Was soll es bedeuten, daß jenes „produktive Vermögen der Natur wohl ausreichen möchte"? Will Kant etwa sagen, daß hier ein elementares Naturgesetz vorliege, aber ein solches, welches wir nicht auf bloße Bewegungsvorgänge reduzieren können? Man ersieht nämlich aus den „Metaphysischen Anfangsgründen", daß Kant im Sinne der Mechanisten die Auflösung aller Physik in Bewegungsvorgänge fordert! Hätten wir recht, so wäre also diese Stelle vitalistisch zu verstehen was die Gegenstellung des „Maschinenwesens der Natur" zu dem durch ihr „produktives Vermögen" Geleisteten noch besonders gutzuheißen scheint. Es gäbe dann also nach Kant besondere vitale Eigengesetze, die, obzwar sie der Kausalität unterstehen, nicht in Bewegungsschemata auflösbar und in diesem Sinne nicht „erklärbar" sind.

Aber paßt diese Deutung zu dem früher Ermittelten?

Wenn es der Fall wäre, müßte man wohl sagen, daß Kant seinen Gedanken etwas einfacher hätte ausdrücken können als geschehen ist. Also meinte er doch noch etwas anderes! Wir wollen die Entscheidung noch vertagen.

Es folgt die oft zitierte Stelle, daß nie ein Newton kommen werde, der auch nur die Entstehung eines Grashalms erklären könne „nach Naturgesetzen, die keine Absicht geordnet hat".

Freilich bleibt bei der Stelle über Newton die Dunkelheit bestehen, daß bei den „geordneten Naturgesetzen" sowohl an eine gegebene Ordnung von Einzelgesetzen (statisch-teleologisch) wie an Naturgesetze, in denen Ordnung, Ordnendes liegt (vitalistisch), gedacht werden kann.

Daß man, wie es weiter heißt, „ganz tautologisch verfahren" würde, wenn man als Grund der Weltzweckmäßigkeit einen Weltschöpfer postulieren würde, ist zwar richtig, man würde aber hier auch, welche Einsicht ja gerade die Vernunftkritik angebahnt hat, logisch illegitim verfahren. Dagegen für das Geschehen in der Welt verfährt man zwar „tautologisch", wenn man, weil man Zweckmäßigkeit antrifft, a posteriori, um diese zu erklären sich auf eine nach Zwecken wirkende Ursache beruft, aber man verfährt hier legitim.

Ist doch in letztem Grunde alles „Erklären" Tautologie.

So wäre denn also Kant als Vitalist zu bezeichnen?

Zur Methodenlehre der teleologischen Urteilskraft leiten Betrachtungen über die Art, wie Mechanismus und Teleologie zu vereinigen seien; solches geht an: aber nicht tritt dabei eines an Stelle des anderen. Sie verhalten sich wie Zweck und Mittel; das „Wirkungsgesetz" des Mittels aber „für sich" hat „nichts einen Zweck Voraussetzendes".

Das klingt nun wieder durchaus statisch-teleologisch und erinnert gar nicht an die „produktive Kraft der Natur" und so sind wir denn wieder mitten in der Verwirrung: Zum Überfluß findet sich auch noch die Wendung von dem „Zugrundelegen" einer „ursprünglichen Organisation". Doch gehen wir einstweilen weiter!

Das Grundergebnis der „Methodenlehre" , daß die Teleologie weder zur Theologie noch zur Naturwissenschaft, sondern nur zur „Kritik", und zwar eben der Urteilskraft, gehöre, geht uns hier weniger an als einige besondere Folgerungen.

Nachdem festgestellt ist, daß die „Produkte und Ereignisse" der Natur, soweit es geht, mechanistisch erklärt werden müssen, wird die Art der möglichen Verbindung von Mechanismus und Teleologie untersucht. Der „Okkasionalismus", die Ansicht nämlich, daß die „oberste Welturasche" bei jeder Begattung der sich mischenden Materie die organische Bildung gäbe, wird abgelehnt, da hier „alle Natur gänzlich verloren" geht. Nach dem „Prästabilismus" ist alles ein für allemal vorgebildet.

Nun kann das gezeugte Wesen ein „Edukt" sein, dann gelangt man zur „Evolutionstheorie"; Kant lehnt sie ab!

Oder es ist ein „Produkt"; das gilt die Theorie der Epigenesis, welche besser Theorie der „generischen Präformation" oder auch „Involutionstheorie" genannt werde. Die spezifische Form ist auch nach dieser Lehre „präformiert", aber „virtualiter", nämlich im „produktiven Vermögen der Zeugenden" und in ihren „inneren zweckmäßigen Anlagen".

Kant nimmt die Epigenesis an, da hier doch, wenn auch nicht der erste Anfang, so doch die Fortpflanzung als „selbst hervorbringend" gesetzt und somit viel „der Natur überlassen" werde.

Und zwar erklärt sich der Philosoph ausdrücklich für Blumenbachs Auffassung der Sachlage: Blumenbach hebe alle Erklärungsart „von organisierter Materie" an, von einer „ursprünglichen Organisation". Das Vermögen der Materie, auf Grund dieser sich zu gestalten, nenne er „Bildungstrieb".

Der Leser, welcher unseren geschichtsanalytischen Darlegungen aufmerksam gefolgt ist, wird bei der Lektüre dieser Worte des höchsten erstaunt sein:

Kant akzeptiert die Epigenesis, redet vom „produktiven Vermögen des Zeugenden", behauptet seine Übereinstimmung mit Blumenbach, dem Vitalisten, und – zitiert Blumenbach falsch, nämlich ausdrücklich im Geiste einer statischen auf „ursprünglicher Organisation" beruhenden Teleologie, mit Worten, welche dieser Forscher selbst nie gebraucht hat!

Fassen wir alles zusammen, was wir über Kants Stellung zu den Grundfragen der Biologie in diesen langen Erörterungen erfahren haben, so kann seine Lehre also als Stütze verwendet werden:

erstens für eine rein deskriptive, lediglich „regulativ beurteilende" Teleologie, welche die Frage nach weiterer Entscheidung prinzipiell ablehnt, für welche Resignation allerdings keine stichhaltigen Gründe beigebracht werden;

zweitens für einen Vitalismus, der ihm nur deshalb bedenklich erscheint, weil er im Dogma der prinzipiellen Zurückführbarkeit aller Naturphänomene auf Bewegungsvorgänge befangen ist, ein Postulat, das sich dem Lebendigen gegenüber allerdings als durchaus unerfüllbar erweist.

drittens für eine statische Teleologie, für die Lehre von einer gegebenen Struktur, auf deren Basis alles mechanistisch zugeht. Freilich spricht für diese Ansicht nur ab und zu der Wortlaut, weniger wohl der Sinn der Sätze Kants; auch wird für den handelnden Menschen als Phänomenon ganz ausdrücklich eine Ausnahme im vitalistischen Sinne gemacht.

Läßt sich nun eine befriedigende Lösung dieses seltsamen Sachverhalts, eine befriedigende Vereinigung der zunächst offenkundigen Widersprüche in Kants Darlegungen finden?

Wir möchten hier zum Schluß als Versuch solcher Vereinigung zwei Gedanken der Beachtung empfehlen:

Wenn man Kants' Ausdrücke Organisation und Ordnung nicht gerade im Sinne einer extensiven Tektonik, einer Struktur, einer Maschine, eines Nebeneinander von Verschiedenem, auffaßt, sondern darunter nur ein als Spezifisches Gegebensein, ein gegebenes Ordnendes, verstehen darf, würden sich die Aussagen über Blumenbach und manches andere im Sinne eines reinen Vitalismus auffassen lassen. Blumenbach war doch nun einmal ausgesprochener Vitalist; daß Kant ihn sachlich mißverstand, erscheint fast unmöglich; eine gewisse Freiheit des Ausdrucks im Zitieren liegt aber wohl bei einem Philosophen, der gewohnt ist, sich seine Sprache in weitem Maße selbst zu schaffen, nicht außer der Wahrscheinlichkeit Bereich.

Zum anderen geben wir ganz besonders die Möglichkeit zu bedenken, daß Kant den begrifflichen Unterschied zwischen statischer und dynamischer Teleologie überhaupt nicht scharf gesehen habe; daß ihm Teleologie, auch in realer, nicht nur in formaler Bedeutung, gewissermaßen stets eines und dasselbe ist, und er nun zu ihrer Kennzeichnung bald Worte, welche diese, bald solche, welche jene Art von Teleologie charakterisieren, verwendet. Dann wäre Kant also zwar „Vitalist", aber nicht in voller Konsequenz. Wenn wir uns daran erinnern, daß ein ethischer Zweck der Kritik der eigentliches Teil war, daß es sich aber für dieses eigentliche Ziel nur um Zweckmäßigkeit überhaupt handelte, gewinnt unsere Annahme vielleicht an Wahrscheinlichkeit.

Unsere letzte hypothetische Ansicht über den biologischen Inhalt der „Kritik der Urteilskraft" also ist diese: Kant ist für den handelnden Mensch als Teil der Erscheinungswelt in ausgesprochener, für das Organisationsgeschehen in problematischer Form Vitalist; er ist sich freilich des logischen Unterschiedes zwischen statischer und dynamischer Teleologie nicht immer klar bewußt und ist von seinem Vitalismus selbst unbefriedigt, weil dieser seinem Ideal der Naturwissenschaften allerdings durchaus widerspricht; dieses Ideal nämlich ist ein rigoroser Mechanismus, in welchem seltsamer-, freilich historisch verständlicherweise wohl für das Eingreifen von „Seelen", aber nicht für das Eingreifen seelenähnlicher Naturagenzien ein Platz ist.

Die allgemein kritische Erörterung, daß „Teleologie" überhaupt keine metaphysische Bedeutung haben könne, geht der biologischen Untersuchung fortwährend nebenher; der Endzweck des Ganzen aber ist weder biologisch noch metaphysisch, sondern ethisch: die Welt ist so geartet, daß Zwecke in ihr verwirklicht werden können, also kann (und soll) auch der Mensch Zwecke, und zwar sittliche, in ihr verwirklichen.

Unser Ergebnis mag wenig befriedigend erscheinen; auf alle Fälle dürften wir aber wohl gezeigt haben, daß ein Biologe, welcher sich auf Kant für oder wider den Vitalismus berufen will, gut tut — etwas vorsichtig zu verfahren.

Bis hierher ging in der ersten Auflage dieses Werkes der Text über Kant. Er ist absichtlich, von einigen kleinen Änderungen, Streichungen und Zusätzen abgesehen, so stehengeblieben, wie er dastand.

Ich gebe nun dem ursprünglichen Text noch einige Zusätze erheblicherer Art.

Zuerst ein paar Stellen aus den vorkritischen Schriften Kants.

In der Schrift über den „einzig möglichen Beweisgrund zu einer Demonstration des Daseins Gottes" heißt es einmal: „Wie z. B. ein Baum durch eine innere mechanische Verfassung soll vermögend sein, den Nahrungssaft so zu formen und zu modeln, daß in dem Auge der Blätter oder seinem Samen etwas entstände, das einen ähnlichen Baum im kleinen, oder woraus doch ein solcher werden könnte, enthielte, ist nach allen unseren Kenntnissen auf keine Weise einzusehen." Und weiterhin sagt, er, daß „das Übergewicht der Gründe" gar zu sehr auf seiten derer sei, welche die „Produkte des Pflanzen- und Tierreiches ... der mechanischen Notwendigkeit nach allgemeinen Gesetzen der materiellen Natur entreißen wollen".

Und weiter in den „Träumen eines Geistersehers, erläutert durch Träume der Metaphysik": „Ich gestehe, daß ich sehr geneigt sei, das Dasein immaterieller Naturen in der Welt zu behaupten und meine Seele selbst in die Klasse dieser Wesen zu versetzen." Hierzu dann die Anmerkung: „Was in der Welt ein Principium des Lebens enthält, scheint immaterieller Natur zu sein." Und weiter: Die Berufung auf immaterielle Kräfte sei zwar eine Zuflucht der faulen Philosophie; „gleichwohl bin ich überzeugt, daß Stahl ... oftmals der Wahrheit näher sei, als Hofmann, Boerhaave u. a. m., welche die immateriellen Kräfte aus dem Zusammenhange lassen, sich an die mechanischen Gründe halten und hierin einer mehr philosophischen Methode folgen, die wohl bisweilen fehlte, aber mehrmals zutrifft, und die auch allein in der Wissenschaft von nützlicher Anwendung ist, wenn andererseits von dem Einflusse der Wesen von unkörperlicher Natur höchstens nur erkannt werden kann, daß er da sei, niemals aber, wie er zugehe und wie weit sich seine Wirksamkeit erstrecke".

Es handelt sich hier, wie gesagt, um sogenannte „vorkritische" Schriften, um Abhandlungen aus den Jahren 1763 und 1766. Schwankend gehalten sind die mitgeteilten Sätze ganz ebenso wie die Ausführungen der „Kritik der Urteilskraft". Aber eine starke Neigung zur vitalistischen Auffassung des Lebendigen ist unverkennbar. Und bedeutet hier der „vorkritische" Charakter der Schriften so viel? Die „Kritik" läßt doch die empirische Wirklichkeit bestehen als das, was sie ist, sie untersucht nur die Frage, ob sie Ausdruck eines An-sich sei. Die vitalistische Frage geht nun aber ganz unzweifelhaft nur das Empirische an, so daß „Kritik" ihre Lösung eigentlich gar nicht beeinflussen kann, es sei denn ganz unbestimmt und allgemein in dem Sinne, daß sie sagt: was Ihr da findet, ist kein Aufstellen über das An-sich, sondern gilt nur für die Welt der Phänomene. So meint es ja doch Kant in der „Kritik der reinen Vernunft" ein für allemal – (ob mit Recht oder Unrecht, bleibe hier dahingestellt) – und ein gleiches in der „Kritik der Urteilskraft" zu wiederholen, wird er nicht müde.

Wir erörtern nun die Kantische Lehre noch von einigen anderen Gesichtspunkten aus:

Daß Kant die Lehre von der psycho-physischen Wechselwirkung, welche bekanntlich Vitalismus, wenigstens auf eine Seite des Menschen beschränkter Vitalismus ist, nicht ablehnt, geht aus den „Schlußbetrachtungen" zu den „Paralogismen der reinen Vernunft" in der ersten Auflage der Vernunftkritik hervor. Freilich nimmt er jene Lehre auch nicht an, aber er hält sie doch offenbar nicht für unsinnig, sondern für möglich. Daß er eine Entscheidung für ausgeschlossen hält, indem er die ganze Frage, welche empirischer Art ist, viel zu früh auf den Boden des An-sich hinüberspielt, tut hier nichts zur Sache. Ist es doch ein häufiger Fehler des Kantischen Philosophierens überhaupt, rein auf empirischem Boden erwachsenen Fragen durch Hinübergleiten auf den Boden der sogenannten Kritik die Beantwortung, auch die hypothetische, abzuschneiden. Auf keinen Fall, scheint mir, darf man Kant als „psycho-physischen Parallelisten" bezeichnen.

Drei Dinge sind es meines Erachtens, welche ganz wesentlich die außerordentlich schwankende Haltung Kants in Sachen des Vitalismus Frage bestimmen. Von der einen Angelegenheit haben wir geredet: von der Un-

bestimmtheit den Begriffen „Teleologie überhaupt",
„statische Teleologie", „dynamische Teleologie" gegenüber. Dazu kommen nun sein schillernder Begriff des
Mechanismus und sein schillernder Begriff des
Noumenon.

Sehr oft ist „Mechanismus" bei ihm im engen Sinne
des Wortes, also newtonisch gedacht; dann müßte ein
besonderes mechanisches System mit besonderen Leistungen offenbar eine Maschine heißen. Aber gelegentlich heißt ihm „Mechanismus sein" auch nur: dem Prinzip der Eindeutigkeit, der „Determination" unterstellt
sein; dann ist „Maschine" etwas viel Spezielleres als
„Mechanismus".

So heißt es in der „Kritik der praktischen Vernunft"
z. B. einmal, man könne in dem ganz allgemeinen Sinne
einer allgemeinen Notwendigkeit aller Begebenheiten
von einem „Mechanismus der Natur" reden, „ob man
gleich darunter nicht versteht, daß Dinge, die ihm unterworfen sind, wirklich materielle Maschinen sein müß-
ten"[1]. Es gibt nämlich auch „psychologische Kausalität".
Doch davon später. Uns liegt hier nur daran, die Vermu-
tung zu äußern, daß Kants Schwanken in Sachen des
Mechanismus-Begriffs sein Schwanken in Sachen des
Vitalismus erkläre. Er scheint mitunter zu glauben, der
Vitalismus müsse das Eindeutigkeitsprinzip, den „Mechanismus" im weiteren Sinne, durchbrechen; in solchen
Momenten ist er sein Gegner. Sieht er nur einen Gegensatz zum engeren Mechanismus, zur „Maschine" in
ihm, so ist er sein Freund.

Das „Noumenon", das Ding an sich, ist Kant bisweilen ein bloßes X, ja ist „für alle Erscheinungen dasselbe", gänzlich unbestimmbar, durch keine Aussage
irgendwie betreffbar. Bisweilen ist aber auch das

---

1 In dem Abschnitt: „Kritische Beleuchtung der Analytik der reinen
praktischen Vernunft".

Noumenon als ein Besonderes gefaßt, um das wir als um ein Besonderes in jedem Falle, auf Grund unserer Erfahrung im Erscheinungsreiche, wenigstens ganz bestimmte besondere Daseinsaussagen machen können, wenn wir auch nicht wissen, wie es „an sich" beschaffen ist, d. h. welches besondere Sosein es „an sich" hat. Die besonderen Daseinsaussagen ohne Soseinsbestimmung sind ihm nun nicht viel wert, und deshalb, nur deshalb, ist ihm der Vitalismus nicht viel wert. Im Grunde gehört aber offenbar diese Art des Noumenalen doch noch zur Erscheinungswelt, freilich als ihr unanschaulicher Bestandteil.

Was nun den Vitalismus im besonderen angeht, so kommt noch ein Umstand dazu, der ihn Kant, trotz aller Zuneigung, doch immer wieder unsympathisch macht, nämlich dieser, daß wir den *Nisus formativus,* oder wie immer man hier zu sagen beliebt, doch ad hoc setzen, und nicht irgendwo anders her kennen, wenigstens soweit das eigentlich physiologische Leben einschließlich der Formbildung in Frage steht. Denn daß psychische Kausalität, so wie wir sie kennen, nicht verwendbar ist, sieht Kant in aller Klarheit. Die „Lebenskraft" äußert sich ja doch nicht so wie unser Seelisches: sie arbeitet primär vollendet, „irrt" nicht, „probiert" nicht.

Aber „seelische" Kausalität und damit einen Vitalismus für den handelnden Menschen läßt er, wie mir scheint, ganz offenbar zu. In § 88 der Kritik der Urteilskraft ist z. B. von der „vis locomotiva" der Seele die Rede, „weil wirkliche Bewegungen des Körpers entspringen, deren Ursache in ihren Vorstellungen liegt".

Und nun die „Freiheits"lehre! *Frei* ist der Mensch als Noumenon, *frei* ist sein „intelligibler Charakter"; kann es wenigstens sein und soll es sein. „Frei" heißt bei

Kant, wie ich an anderem Orte ausgeführt habe[1], soviel wie wesensgemäß, nicht soviel wie „indeterminiert". Und das „Wesensgemäße" des intelligiblen Charakters ragt geradezu soseinsbestimmend in die Erscheinungswelt hinein, daher von einer „Kausalität durch Freiheit" geredet wird. Freiheit ist „die Wirkungsform des Naturgesetzes, das der Mensch ist". Ich weiß nicht, was, wenigstens für den handelnden Menschen, „Vitalismus" ist, wenn nicht dieses. Das ist durchaus Gegensatz zum Mechanismus im engeren Sinne, und nur darum handelt es sich ja.

Man nehme noch diese Stelle aus der dritten Kritik (S.91) hinzu: „Freiheit ist der einzige Begriff des Übersinnlichen, welcher seine objektive Realität (vermittels der Kausalität, die in ihm gedacht wird) an der Natur, durch ihre in derselben mögliche Wirkung, beweiset"[2]. Und im Eingange des Werkes: „Der Wille ist nämlich eine von den mancherlei Naturursachen in der Welt, nämlich diejenige, welche nach Begriffen wirkt". Und weiter in der „Grundlegung zur Metaphysik der Sitten": „Freiheit muß ... eine Kausalität nach unwandelbaren Gesetzen, aber von besonderer Art sein."

Endlich noch einiges über das Verhältnis der *Teleologie* zu den Kategorien[3].

Kant faßt den Begriff „Teleologie", vielleicht durch das Wort verführt, allzu psychologisch. Er sieht nicht, daß *Ganzheit* eine echte Kategorie ist, daß „Finalität" nur als ihre Unterkategorie, als solche aber sehr wohl, gelten kann.

---

1 Kantstudien, Band 22; ferner „Das Problem der Freiheit", 2. Aufl., 1920.

2 Sperrungen von mir.

3 Gutes bei W. Ernst: „Der Zweckbegriff bei Kant und sein Verhältnis zu den Kategorien"; Kantstudien, Ergänzungsheft Nr. 14 (1909).

Nur „regulativ" sei der Teleologiebegriff, während die echten Kategorien, insonderheit Kausalität, „konstitutiv" seien, indem durch sie Gegenstände überhaupt erst zu Gegenständen (im empirischen Sinne) werden. Wie schwankend aber auch hier Kant ist, zeigt eine Stelle in der allgemeinen Einführung der „Analogien der Erfahrung" in der Vernunftkritik, wo auch die Sätze von der Substanz und Kausalität als „bloß regulativ" bezeichnet werden, weil eine „Analogie der Erfahrung" bloß eine Regel sei, um die Einheit der Erfahrung zu gewährleisten!

Wir meinen, und das ist nun unser letztes Wort in der Sache[1], Kant selbst hätte von seinem eigenen Standpunkt aus die Gleichwertigkeit der Teleologie mit den Relationskategorien zugeben dürfen. Denn die Aufgabe, alles in der empirischen Welt auch ihr, oder besser den Begriffen *Ganzheit* und *Ganzheitsbezogenheit* zu unterstellen, besteht. Zwar ist diese Aufgabe eigentlich erfüllbar nur mit Rücksicht auf Werden und Gebaren des personalen Organismus. Wir mögen diese ihre Erfüllbarkeit die echte „konstitutive" Seite der in Rede stehenden „Kategorien" nennen. „Bloß regulativ" mag dann Teleologie oder Ganzheit da heißen, wo sie bloß hypothetisch — (aber nicht in anderem Sinne „hypothetisch" als gelegentlich auch der Kausalitätsbegriff![2] — anwendbar ist, also im Hinblick auf alle Probleme des Überpersönlichen, z. B. in Phylogenie und Geschichte.

So würde auch für Kant der Vitalismus als eine Möglichkeit legitimiert sein, und da er ja nun die Unmöglichkeit des Mechanismus (im engeren Sinne) für das organische Leben zugibt, dürfte er auch das tatsächli-

---

1 Vgl. meinen Aufsatz in Kantstudien, Band 16, und Philos. d. Organischen, 2. Aufl., 1921, S. 535ff., sowie meine anderen philosophischen Werke.

2 Man vergleiche auch meinen Aufsatz in Kantstudien, Band 22.

che Bestehen einer Autonomie des Lebendigen, einer „dynamischen Teleologie" im allgemeinen ebenso zugeben, wie er sie für das besondere Gebiet des handelnden Menschen fraglos zugegeben hat.

Während des Druckes erschien E. Ungerers vortreffliche Schrift „Die Teleologie Kants und ihre Bedeutung für die Logik der Biologie" (Berlin, 1921), von der uns der Abschnitt II b sehr wesendlich angeht. Ungerers letztes Ergebnis seiner Kantanalyse geht dahin, daß Kant der Gedanke einer statischen Teleologie gar nicht in den Sinn komme, daß er aber vor einer dynamischen Teleologie, einem Vitalismus, deshalb immer wieder Scheu habe, weil er (sachlich zu Unrecht) meine, damit schon metaphysischen Boden zu betreten, was zu tun ihm sein eigenes System verbietet. Ich empfehle Ungerers Schrift dringend eingehendem Studiums; es werden auch viele Dinge in ihr behandelt, auf welche wir nicht Bezug nehmen konnten.

E. Vitalismus im Gefolge der Naturphilosophie.

Von dem Gedanken einer für unser „Urteilsvermögen" passenden Tektonik der Besonderheiten in der Natur ist die Naturphilosophie Schellings und Hegels wohl in letzter Hinsicht ausgegangen. Die Naturdinge, die Dinge der objektiven Vernunft, der „Idee in ihrem Anderssein", zumal die organisierten Körper verkörperten ihr „Vernunftideen".

Für die Biologie, insonderheit für den Vitalismus ist diese Lehre zunächst belanglos, da sie sich prinzipiell mit einer statischen und mit einer dynamischen Teleologie vertragen würde, welche beide ja die organischen Formen als Gesetzesprodukte im Gegensatz zu Zufallsprodukten betrachten. Die Naturphilosophie tritt aber in Beziehung zum Problem des Vitalismus, sowie versucht wird die Ideenwelt mit der Welt des unmittelbar Gegebenen zu verbinden. Das Verhältnis zwischen der reinen Naturphilosophie und dem naturphilosophischen Vitalismus ist ungefähr dasselbe wie zwischen Plato und Aristoteles: auch bei Plato fehlte das Band zwischen Idee und Wirklichkeit, er kommt daher biologisch nicht eigentlich in Betracht; Aristoteles verknüpfte das bei seinem Lehrer Ungetrennte: sofort wird er biologisch bedeutsam, und zwar im Sinne eines Vitalismus. Wir werden sehen, daß weniger Schelling und Hegel selbst, wohl aber die von der Naturphilosophie der Schelling-Hegelschen Schulen ausgehenden Biologen für den Vitalismus Bedeutung haben.

Es fällt zeitlich mit der Naturphilosophie dasjenige auf rein naturwissenschaftlichem Gebiet ungefähr zusammen, was man die Schaffung des Begriffs „Typus" nennt und was die Grundlage eigentlich wissenschaftlicher Systematik der lebenden Wesen bildet. Es kann aber nicht unsere Aufgabe sein, der Geschichte der biologischen Systematik näher nachzugehen, soweit sie eben nur in realer Typenanalyse oder anders gesagt: Systemschöpfung ihre Aufgabe sieht. Hier nehme man die Geschichte der Zoologie von Viktor Carus, einige Aufsätze Rudolph Burckhardts und das große im Vorwort genannte Werk Rádls zur Hand. Der Typenforscher wird uns nur wichtig, wenn er das Problem behandelt, wie, nach welchen Gesetzen, sich der Typus jeweils im Individuum realisiert, beziehungsweise, wie er sich als Spezifität ändert, wenn anders solche Änderung, also eine „Deszendenz", überhaupt angenommen, und, falls angenommen, in anderer als schablonenhaft-materialistischer[1] oder sachlich unzureichender[1] Weise behandelt wird.

---

1 Wie z. B. zwar nicht von Darwin selbst, wohl aber von den meisten „Darwinisten".

E. Vitalismus im Gefolge der Naturphilosophie.

Es ist eine Folge des Gesagten, daß selbst ein Mann wie Cuvier in unserer Darstellung nicht mehr als genannt werden kann, denn in den eigentlichen physiologischen Prinzipienfragen denkt er zwar „vitalistisch", aber, was ja auch bei seinem wesentlich differenten Leistungsgebiet nicht verwunderlich ist, ohne Selbständigkeit: er erklärt sich im allgemeinen mit den Lehren Bichats einverstanden.

Auch Goethes naturphilosophische Ansichten, welche sich bekanntlich vorwiegend mit dem Begriff „Typus" beschäftigen, in denen aber auch das Wort „Entelechie" sich ab und zu findet, können wir hier, da sie doch einen wirklich analysierbaren Fortschritt in Sachen des Vitalismus schwerlich bedeutet haben, nur nennen, und nicht mehr denn erwähnen dürfen wir auch A. v. Hum-

---

1 Als sachlich unzureichend, weil durchaus nur konstruiert, nicht bewiesen, muß auch die Deszendenzlehre Jean Lamarcks (Philosophie zoologique, Paris 1809, deutsch von A. Lang, Jena 1876) bezeichnet werden, obschon sie gute Ansätze enthält. Als Grundlage der Typenformung gilt Lamarck ein des näheren unbekanntes Organisationsgesetz; ein Faktum, das weder seine darwinistischen Biographen noch seine heutigen Anhänger, die „Neolamarckianer", kennen! Gebrauch und Nichtgebrauch machen nur die in jenem Gesetze begründeten „regelmäßigen Abstufungen" zu „unregelmäßigen". Über die Art und Weise der Wirkung des Gebrauchs und seines Gegenteils – eine Wirkung, die er sich ohne weiteres als vererbbar vorstellt – hat Lamarck nicht weiter reflektiert, sonst hätte er wohl zum mindesten ihren teleologischen, nämlich adaptiven Charakter erkannt. – Was er über das Allgemeine des Lebendigen sagt, ist unbedeutend; er verwechselt Bedingungen (Wärme, Elektrizität) mit dem Wesen der Sache. Übrigens gibt er sachlich eine Sondergesetzlichkeit der Lebensprozesse eigentlich zu und eifert wohl nur aus Furcht vor „Übernatürlichem" gegen vitalistische Lehren. Alles dieses ist wenig klar.

boldts liebenswürdige Allegorie auf die Lebenskraft: „Der rhodische Genius"[1].

Die „idealistische" Philosophie.

Zunächst einige Worte über Schelling und Hegel selbst.

Wir haben schon in der Einleitung zu diesem Abschnitte gesagt, daß das vitalistische Problem im eigentlich strengen Sinne, d. h. als Frage nach der Form der im Reiche des Lebendigen bestehenden Teleologie, diesen Denkern fremd ist. Erstens sind sehr strenge und scharfe Begriffsformulierungen überhaupt nicht ihre Sache, so daß man sich nicht wundern darf, wenn sie den selbst von Kant nicht klar gesehenen Unterschied zwischen statischer und dynamischer Teleologie nicht würdigen, und zweitens ist ihnen, kurz gesagt, das Werden, das Geschehen ganz ähnlich wie Platon, im Grunde eine gleichgültige Angelegenheit. „Ideen" werden in den organischen Formen verwirklicht; damit ist es gut.

Aus Schelling kann man noch weit mehr als aus Kant in Sachen des eigentlichen Vitalismus herauslesen, was einem beliebt. Die Natur muß erscheinen „als ein Produkt, das, obgleich Werk des blinden Mechanismus, doch so aussieht, als ob es mit Bewußtsein hervorgebracht wäre". „Das Eigentümliche der Natur beruht eben darauf, daß sie in ihrem Mechanismus, und obgleich selbst nichts als blinder Mechanismus, doch zweckmäßig ist"[2]. Klingt das nicht deutlich nach statischer Teleologie? In der Welt ist alles maschinell vorgesehen, alles einzelne Geschehen ist mechanisch im eigentlichen Sinne des Wortes. Aber dann heißt wieder das Leben „Pro-

---

1 In „Ansichten der Natur". Übrigens nimmt Humboldt in der „Erläuterung" seine Allegorie inhaltlich später so gut wie ganz zurück. „Lebenskraft" ist ihm mindestens problematisch.

2 Syst. d. transcend. Ideal. 5. Hauptabschnitt.

dukt einer höheren als der bloß chemischen Potenz, ohne aber deswegen eine „übernatürliche, d. h. keinen Naturgesetzen oder Naturkräften unterworfene Erscheinung zu sein". Hier klingt s, als sei das Wort „Mechanismus" im weitesten Sinne genommen als könne ein Vitalismus zugelassen werden, wenn er nur den Begriff der Determination festhält. Ein anderes Mal wird dann noch unterschieden zwischen den Kräften, „die während des Lebens im Spiel sind"; das seien „keine besonderen, der organischen Natur eigenen Kräfte". „Was aber jene Naturkräfte in das Spiel versetzt, dessen Resultat Leben ist, muß ein besonderes Prinzip sein, das die organische Natur aus der Sphäre der allgemeinen Naturkräfte gleichsam hinwegnimmt." Als „den toten Kräften Richtung gebend" wird dieses „Prinzip" weiterhin bezeichnet. Das klingt geradezu nach dynamischer Teleologie.

Es sei dem Leser überlassen, die hier mitgeteilten Äußerungen zu einem Gesamtbild zu vereinigen; mir ist es nicht gelungen[1].

Hegel, sonst der Naturwissenschaft gegenüber noch viel souverän-gleichgültiger als Schelling, ist in Sachen des Vitalismus ein klein wenig schärfer als er. Er nennt es einmal einen Mangel der Einschachtelungstheorie, „daß dasjenige, was nur erst in idealler Weise vorhanden ist, als bereits existierend betrachtet wird"; er nennt ein andermal das Leben einen beständigen Kampf gegen „elementarische Mächte der Objektivität"[2]. Das klingt dynamisch-teleologisch. Ein eigentliches Problem wird hier aber gar nicht gesehen; vielleicht hat Hegel den dynamischen Vitalismus für ganz selbstverständlich gehalten.

---

1 Man vergleiche W. Metzger, Schelling und die biol. Grundprobleme: Arch. f. Gesch. d. Naturwiss. 2: 1910, und M. Losacco, La
  Filosofia naturale dello Schelling: Riv. d. Filos. 3, 1911.
2 Sogenannte „Kleine Logik", Ausgabe Bolland.

Wir wenden uns nun den Lehren der Naturforscher zu.

Oken.

Lorenz Oken (1779-1851), der verdiente Anatom, hat, wie viele seiner Zeitgenossen auch, ein „Lehrbuch der Naturphilosophie" verfaßt[1].

Hier wird der Galvanismus als „das Prinzip des Lebens" bezeichnet. „Es gibt keine andere Lebenskraft als die galvanische Polarität. Die Heterogeneität der drei irdischen Elemente in einem geschlossenen individuellen Körper ist die Lebenskraft", freilich „kombiniert sie sich mit höheren Aktionen", und er lehnt eine elementare „Lebenskraft" höchstens in ihrer Bezeichnung als „Kraft" ab, wenn anders nämlich soviel Klarheit bei ihm vorhanden war.

Wenn wir nämlich Sätze hören wie diese: „Das Licht bescheint das Wasser und es ist gesalzen. Das Licht bescheint das gesalzene Wasser und es lebt" – und es gibt viele solcher Sätze in dem Buch –, so verlieren wir einigermaßen das Zutrauen zu der Art des hier obwaltenden Denkens überhaupt. Wollten wir hier weiteranalysieren – nun, dann hätten wir, und sogar mit mehr Recht, auch die voraristotelischen und die mittelalterlichen Biologen eingehend berücksichtigen müssen; ja, wir hätten bei diesen sehr viel Besseres finden können.

Sehen wir zu, ob uns Okens Buch „Die Zeugung"[2] Besseres darbietet. Bis zu einem gewissen Grade ist das der Fall.

Zunächst freilich auch hier immer ein Hinneigen zum Verkehrten: trotz Spallanzani und seiner Nachfolger lehnt Oken einmal wieder die Entstehung der Infusorien

---

1 2. Auflage. Jena 1831.
2 Bamberg und Würzburg 1805.

aus Keimen ab und läßt sie durch Urzeugung[1] entstehen; emphatisch verkündet er den Satz: „Nihil vivum ex ovo" usw.

Aber nun folgt eine epigenetisch-vitalistische Zeugungstheorie: Der Same ist in Fäulnis übergehende Substanz, die Spermatozoen sind die entstehenden Urtiere; bei der Befruchtung vereint sich der Same in diesem Sinne mit dem „weiblichen Bläschen", und sofort nach der Vereinigung ist der Embryo fertig! Die Samentierchen haben sich eben im weiblichen Bläschen „gestaltet".

„Die Zeugung ... ist Synthesis der Infusorien durch den homogenen aber entgegengesetzten Pol der organischen Welt." „Das weibliche Bläschen" aber liefert „weder einen Keim noch organische Grundteilchen oder sonst etwas Materielles, sondern bloß die Form, welche die eintretenden Zerkarien durch die mit dem Bläschen erwachsene organische Tätigkeit so miteinander verbindet, daß sie, auch noch durchsichtig, schon den Typus desjenigen Tieres in Miniatur darstellen, zu dessen Gattung sie gehören, denn das Bläschen könnte man schlechthin die Typus gebende Kraft nennen. Der Embryo entsteht also „durch einen Schlag, sobald die Samentierchen mit den Bläschen sich vereinigen".

Eine bequeme Art von „Epigenesis" ist das ja sicherlich. Wir wollen es keinem verargen, wenn er hier heiter gestimmt wird, und wenn er uns anderseits vielleicht tadelt, daß wir uns überhaupt auf Oken beziehen konnten, sobald er einen so wüsten Unsinn liest, wie diesen: „Das Tier ist die höchste Vereinigung des Polypen und der Pflanze, der Linie und des Kreises – die Verschmelzung aber dieser beiden in eins gibt die Ellipse, was jeder sich leicht demonstrieren kann."

---

1 Allerdings à la Needham aus zerfallender organischer Materie, nicht aus Anorganischem strengsten Sinnes.

Aber bei aller Abweisung vergesse man eines nicht: im Inhalt deckt sich auch Okens seltsames Gerede mit der Grundwahrheit alles Vitalismus: der Irreduzibilität der organischen Form.

Doch mag dieses eine Beispiel eines Naturphilosophen der nicht nachahmenswerten Gestalt genügen.

Reil (1759-1813).

Wenn man sich eine deutliche Rechenschaft geben will von dem, was J. Ch. Reil, der Typus eines klaren, philosophisch gebildeten Biologen seiner Zeit, als seine eigentliche Aufgabe ansah, tut man gut, von dem Inhalt eines Briefes auszugehen, den er, am 22. Februar 1807, an Autenrieth schrieb, und dessen Inhalt dieser in seinem bald zu erwähnenden Werke mitteilt.

Es ist dort die Rede von dem „Problem, was noch keine Naturphilosophie gelöst hat, wie man von der Idee zur Materie komme". Ja, so möchte man weiter fragen, warum kommt denn überhaupt die Idee zur Materie; „warum muß immerhin durch die Alimentation frische Materie eintreten, die alte durch die Exkretion ausgestoßen werden"?

Reil sucht nun in seinem Artikel „Von der Lebenskraft", veröffentlicht im ersten Band seines Archivs[1], die von ihm empfundene Schwierigkeit auf seine Art zu lösen.

Alles ist Materie oder Vorstellung; Veränderung der Materie ist, kartesianisch, nur als Bewegung denkbar; Vorstellungen sind stets von gleichzeitigen, freilich nicht im Sinne eines strengen Parallelismus gedachten, Bewegungen des Gehirns begleitet. Es folgt daraus, daß vor der Existenz von Gehirnen alles Naturgeschehen in der Materie allein gegründet sein muß, und diese, sehr

---

1 Reils Archiv für die Physiologie I, 1796, p. 8.

realistisch gefaßte, Argumentation dient zur Widerlegung Stahls. Sie führt aber auch positiv dazu, „den Grund aller Erscheinungen tierischer Körper, die nicht Vorstellungen sind ... in der tierischen Materie, in der ursprünglichen Verschiedenheit ihrer Grundstoffe und In der Mischung und Form derselben zu suchen".

Das Vermögen der, übrigens nach kantischem Muster dynamisch aufgefaßten, Materie, Erscheinungen hervorzubringen, die von ihrer Form und Mischung abhängen, wird nun „Eigenschaft" der Materie genannt.

„Der Grund der regelmäßigen Bildung tierischer Körper liegt also ursprünglich in der Natur der tierischen Materie."

Wohl verstanden wird hier die Materie als Einheitliches gedacht, und nicht etwa in einer maschinellen Organisation der Lebensgrund erblickt, ob es schon Organisation bis ins kleinste hinein gäbe[1]; vielmehr ist „das allgemeinste Attribut dieser eigentümlichen Art von Materie eine besondere Art der Kristallbildung".

„Wir können nun das Verhältnis dieser Eigenschaft der tierischen Materie zu ihren Wirkungen", nämlich „sich fremde Materien von außen zuzusetzen und dieselben zweckmäßig zu bilden, Kraft nennen. Man hat ihr den Namen Bildungskraft und Bildungstrieb gegeben". Reil eifert nur gegen die Namen, nicht gegen die Sache. Die Naturgesetzlichkeit seiner „Kraft" und ihre Kombination mit den „toten Kräften" im Organismus betont er besonders scharf.

Es hat kein Interesse, auf Einzelheiten der Reilschen Darlegung näher einzugehen, da er sich auf einen eigentlichen Beweis der sachlichen Richtigkeit der von ihm vertretenen Abart des Vitalismus nicht einläßt; es mag daher nur noch, als Beispiel der klaren Begriffsbildung

_____

1 Ausdrücklich wird von Reil abgelehnt, daß die Ordnung bei Erzeugung, Ernährung und Wachstum „durch Instrumente" komme.

unseres Forschers, seine gute Definition der Reizbarkeit hier Platz finden: „Die Eigenschaft tierischer Organe, daß sie sich durch eine äußere Ursache bestimmen
lassen, ihren gegenwärtigen Zustand durch sich selbst zu
verändern, heißt Reizbarkeit." Ihr Grund liegt wieder in
Mischung und Form der tierischen Materie.

Reil ist der erste Vertreter einer vitalistischen „Lebensstofftheorie". Was er vorbringt, ist einfach und
klar gedacht, für die Größe des Problems, wie man „von
der Idee zur Materie komme", vielleicht zu einfach: er
stattet eben die Materie mit der Idee aus. Das klingt ja
anderseits wieder ganz modern, aber man vergesse hier
nicht jenen von uns zitierten Ausspruch Kants: „Die
Möglichkeit einer lebenden Materie (deren Begriff einen
Widerspruch enthält, weil Leblosigkeit, inertia, den wesentlichen Charakter derselben ausmacht) läßt sich nicht
einmal denken." Wer diesem Ausspruch beipflichtet, für
den kann Reils Leistung nicht mehr als einen ganz ge-
schickten, aber von Anfang an verfehlten Versuch
bedeuten.

Treviranus.

Mit G. R. Treviranus, wenn nicht schon mit Reil,
beginnt der eigentlich dogmatische Vitalismus, d. h. der
Vitalismus, dessen Begründung nicht mehr für
nötig gehalten wird, in Hinsicht dessen es vielmehr
nur noch darauf ankommt, wie er gewendet werde. Zugleich beginnt mit Treviranus dasjenige, was man
„Lehrbuchvitalismus" nennen könnte: jede Gesamtdar-
stellung physiologischer Lehren beginnt jetzt sozusagen
mit einem vitalistischen System, das sich meist nicht
erheblich von seinem Vorgänger unterscheidet; so geht
es bis auf Johannes Müller, den letzten dieser Gruppe
von Vitalisten. Bei allen Lehrbuchvitalisten ist charakteristisch ein starkes Zurücktreten der Probleme der
Formbildung, welche im achtzehnten Jahrhundert
immer den Mittelpunkt des Interesses behauptet hatten;

dafür tritt Chemisch-physiologisches und tritt namentlich das Problem der Instinkte, oft auch das Problem des „Seelenlebens", als eines Naturphänomens, mehr hervor.

Wenn wir trotz alles Gesagten Treviranus doch noch äußerlich gesondert hier behandeln, so geschieht es, weil gerade er noch ein durch sein ganzes Leben reichendes Ringen nach Klarheit in vitalistischen Dingen erkennen läßt, und weil sich ein recht eigenartiger Gedanke bei ihm findet.

Von 1802-1822 erschienen die sechs Bände seiner „Biologie oder Philosophie der lebenden Natur" (Göttingen); vornehmlich ihr erster Band ist allgemeinen Fragen gewidmet; im Laufe der langen Zeit der Ausarbeitung seines Werkes änderte aber ihr Autor in manchen nicht unwesentlichen Punkten seine Auffassungsart, und so faßte er denn gegen Ende seines Lebens seine geklärteren Ansichten noch einmal in einem neuen Werke zusammen, auf das wir später Rücksicht nehmen werden.

Es erscheint der Beachtung wert, daß bei Treviranus der Name Biologie zum ersten Male zur Kennzeichnung des Ganzen der Lehre vom Lebendigen verwendet ist: „Die Gegenstände unserer Nachforschungen werden die verschiedenen Formen und Erscheinungen des Lebens sein, die Bedingungen und Gesetze, unter welchen dieser Zustand stattfindet, und die Ursachen, wodurch derselbe bewirkt wird. Die Wissenschaft, die sich mit diesen Gegenständen beschäftigt, werden wir mit dem Namen der Biologie oder Lebenslehre bezeichnen" (Biol. I, S. 4).

Treviranus tadelt die Älteren wegen Vernachlässigung einer scharfen Definition dessen, was sie untersuchten, und wenn einmal eine Definition gegeben wurde, wie z. B. Stahl „lebend" gleich „beseelt" setzte, so war sie falsch[1].

„Gleichförmigkeit der Erscheinungen bei zufälligen äußeren Einwirkungen" ist nun nach Treviranus das Grundkennzeichen des Lebens.

An diese Definition knüpfen alle Erörterungen an, die unserem Forscher als wirkliches Eigentum angehören, die für ihn persönlich charakteristisch sind.

Er bezieht sich auf Kants Theorie der Materie. Wegen des Gegenwirkungsprinzips werde nun im Anorganischen, wo es sich nur um Materie handelt, durch eine Änderung alles geändert. Das Gegenteil hiervon besage seine Definition des Lebens. Wie ist dieses Gegenteil möglich[2]? Offenbar nur durch etwas der Materie Fremdes.

„Wir haben gezeigt, daß alle Materie organisiert und unaufhörlichen Veränderungen unterworfen ist, daß aber in jener Organisation und in diesen Veränderungen nur so lange etwas Bleibendes ist, als die äußeren Einwirkungen, wodurch die letzteren erregt werden, unverändert bleiben. Keine Materie, und also auch nicht die der lebenden Organismen, kann hiervon eine Ausnahme machen"; sie muß z. B. auch undurchdringlich sein. „Die Ausnahme, welche die Materie der lebenden Körper von dem obigen Satze zu machen scheint, kann folglich nur scheinbar sein. Es muß ein Damm vorhanden sein, woran sich die Wellen des Universums brechen, um die lebende Natur in den allgemeinen Strudel nicht mit hineinzuziehen." Dieses Mittelglied ist natürlich nicht „die zur Möglichkeit der Materie erforderliche Grundkraft".

---

1 Allein schon wegen des Überlebens abgetrennter Organe, auf die doch keine Vorstellungen wirken.

2 Bei Lektüre des Treviranus ist zu beachten, daß er „organisch" jede Ordnung, also überhaupt die Natur nennt.

„Wir nennen sie daher Lebenskraft (vis vitalis), um sie von jener Grundkraft zu unterscheiden" (1. c. 51).

Bloße Form und Mischung von Materie enthält also jedenfalls nicht den Grund des Lebens, wenigstens nicht bei Zulassung nur der beiden Kantischen Grundkräfte derselben, Repulsion und Attraktion. Lasse man aber mehr Grundkräfte zu, so bliebe doch die Frage, was sie denn zusammenhält, übrig.

Das „Leben ist also etwas der Materie durchaus Fremdes"; und als Neues tritt dann noch hinzu die Kraft der „geistigen Naturen", der νοῦς des Aristoteles.

Es ist nun wohl zu beachten, daß an und für sich genommen die mechanischen und chemischen Änderungen an Organismen dieselben sind wie in der leblosen Natur; sie unterscheiden sich von ihnen aber „darin, daß die äußeren Anlässe, denen sie ihr Entstehen verdanken, nicht unmittelbar, sondern durch die Lebenskraft modifiziert, auf die Materie des lebenden Körpers einwirken".

Es handelt sich aber hier des näheren um drei Möglichkeiten:

Ist Lebenskraft nur, wo lebensfähige Materie ist, derart, daß letztere als Produkt des Anorganischen entsteht, aber, wenn einmal gebildet, die Lebenskraft „aus ihrem Schlummer weckt"?

Oder ist lebensfähige Materie ein Produkt der Lebenskraft?

Oder sind beide „wechselseitig durcheinander, keine je ohne die andere"?

In längerer Diskussion, in welcher unter anderem die Lebenskraft auch quantitativ gefaßt, und in welcher der Begriff der „vita minima" eingeführt wird, entscheidet sich Treviranus nun hypothetisch für die letzte Alternative.

Er braucht also zwei Grundbegriffe, die Lebenskraft und die „lebensfähige Materie". Das unterscheidet ihn wesentlich von Reil. Es ist natürlicherweise nicht gerade etwas sehr Klares.

Seine lebensfähige Materie ist an sich gestaltlos, sie erhält eine bestimmte Form erst „durch die Verbindung mit Stoffen der leblosen Natur". Im Tode, der also zu einem Analogon der Seelenwanderung wird, geht durch jene gestaltlose Materie, die eine Form der „vita minima" ist, alles hindurch. Im einzelnen aber denkt sich unser Forscher die Beziehung zwischen Lebenskraft, gestaltloser Lebensmaterie und äußeren Faktoren, im Sinne seiner Definition des Lebendigen als Gegensatzes zum Materiellen, folgendermaßen:

„Die Natur des Lebens besteht in dem Vermögen, der absoluten Ungleichförmigkeit der äußeren Einwirkungen relative Gleichförmigkeit zu geben. Verschiedene Formen des Lebens sind also nur dann möglich, wenn jede Art von lebendigen Organismen nur für gewisse äußere Einwirkungen jenes Vermögen besitzt, oder mit anderen Worten, wenn die Lebenskraft desselben sich nur gegen gewisse einwirkende Potenzen tätig zeigt, und wenn alle übrigen Potenzen die Materie des lebendigen Organismus affizieren, ohne durch die Lebenskraft vorher gebrochen zu sein" (l. c. S. 99).

Diese Erörterung soll also zugleich eine Erklärung des Daseins verschiedener spezifischer Lebensformen sein.

Was da nun freilich auf die zufälligen äußeren Faktoren, was auf Rechnung der Lebenskraft kommt, und was eigentlich die formlose lebensfähige Materie noch für eine Rolle spielen soll, das geht denn doch wohl kaum aus dieser Zusammenfassung hervor, deren scharfer logischer Zug immerhin hohe Anerkennung verdient.

Aus den spezielleren Ausführungen der späteren Bände der Biologie teilen wir hier nur ganz weniges mit:

Im zweiten Bande entscheidet sich Treviranus, nochmals ausdrücklich für seine dritte Alternative und zwar erstens wegen der Urzeugung aus zerfallenden organischen Stoffen, einer „Meinung, mit deren Begründung die ganze Biologie begründet ist", und zweitens wegen der Tatsache, daß die Organismen durch äußere

Faktoren, wie Nahrung, Feuchtigkeit usw., beeinflußbar seien. Für besonders glücklich werden wir diese Begründung kaum halten können.

Im vierten Bande findet sich der gute Satz: „das Organ ist Schranke, nicht aber Ursache der Tätigkeit des Bildungstriebes".

Im sechsten Bande wird die Beziehung der Vernunft zum Bildungstrieb durch Beziehung auf Somnambule, Hysterische usw. erläutert. Treviranus kommt hier zu dem recht modernen, z. B. an E. v. Hartmann anklingenden Schlusse, ein Unbewußtes sei der Urgrund des Lebens, der ins Körperliche einerseits, ins Geistige anderseits hineinwirke. Die Instinkte werden, in nicht gerade kritisch geklärter Weise, als „unbewußte Bilder" gedeutet. –

Wie wir schon angedeutet haben, hat Treviranus gegen Ende seines Lebens seine Ansichten über die Grundprinzipien der Biologie noch einmal zusammengefaßt[1], und zwar in einer recht wesentlich veränderten Gestalt.

„Zweckmäßigkeit für sich selber" kennzeichnet ihm jetzt, im Gegensatz zum Technischen, das Leben.

Bedeutsam ist es, wie jetzt das Instinktive, das Unbewußte, Ausgang alles vitalistischen Theoretisierens für ihn wird; im letzten Band der „Biologie" fanden sich ja schon Hinweise auf solche Wendung.

Bewußtheit gehöre nicht zum Kennzeichen des Lebens: im Instinkt sei der Zweck unbewußt, bei unserer Muskelbewegung umgekehrt „sind wir uns nur des letzten Zweckes, nicht der Mittel bewußt".

Nur als „Analogon der Vernunft" ist stets Zweckmäßigkeit denkbar: in diesem Sinne gilt jetzt Treviranus gerade der in der „Biologie" mit Bezug auf Stahl

---

1 „Die Erscheinungen und Gesetze des organischen Lebens". Bremen I, 1831; II, 1832/3.

abgelehnte Satz: „Leben und Beseeltsein sind einerlei" (Ersch. S. 17).

Es wird erwogen, ob es wohl auch eine nicht durch Sinneseindrücke vermittelte Wechselwirkung der lebenden Wesen aufeinander gäbe: das Regulative in der Zahl der Geburten und der Todesfälle, der Geschlechter, das Schlafwandeln ferner spreche dafür. Immer und immer wieder aber illustriert der Instinkt das Wesentliche der biologischen Sachlage:

Der Instinkt nun, z. B. bei den Bienen, beruht auf „produktiver Einbildungskraft", er ist „traumartig", entstammt einem „dunklen Bewußtsein".

Vielleicht kann die Entwicklung des Individuums nach Analogie des Instinkts aufgefaßt werden, vielleicht „träumt das Weizenkorn von Wurzel, Sproß und Ähre".

Diesen Gedanken hat später Johannes Müller aufgenommen; man sieht, wie er auch an Ausführungen Schopenhauers und v. Hartmanns, ja, wie er an die Parallele anklingt, welche Hering zwischen Gedächtnis und Vererbung, in freilich nur bildlich-analogienhafter Weise, zog.

Über das Verhältnis von Lebenskraft und Materie äußert sich Treviranus jetzt gar nicht mehr: alles bleibt problematisch, von jenen drei Alternativen ist nicht mehr die Rede.

Doch gibt er auch nicht alles Frühere auf: „Alles Lebende hat Organisation, aber diese ist seine Wirkung", solche Sätze stehen auch in dem neuen Buche; und auch in ihm wird das Leben gekennzeichnet durch das Vermögen, „gleichförmig, nämlich durch Behauptung seiner Gleichheit, gegen ungleichförmige Eindrücke zu reagieren".

„Der höchste Charakter des Lebens bleibt: ein zweckmäßiges Wirken aus einem selbsttätigen Prinzip, dessen Ziel die Fortdauer des Wirkens selber ist. Dieses Wirken muß in einer bestimmten Form stattfinden, deren äußerer Ausdruck die Organisation ist" (l. c. S. 213). „Das phy-

sische Leben ist ein erzwungener Zustand. Sobald dasselbe aufgehört hat, verbinden sich die Elemente des
Körpers, der vorher belebt war, nach anderen Gesetzen
als im vorigen Zustand" (l. c. S. 348). Lebens-chemische
Analysen haben daher nur geringen Wert; man denke
hier an Bichats „anatomie cadavérique des fluides".

Die Urzeugung gilt Treviranus jetzt als „mindestens
unerwiesen".

Vom Ernste eines Denkers zeugt es allein schon, daß
er sich nicht scheut, Irrtümer einzugestehen und Über-
zeugungen preiszugeben. Aber auch sonst steht Treviranus als ernster, nach Gedankenklarheit ringender, tief
gebildeter Forscher vor uns: er ist zugleich der letzte Vertreter des älteren Vitalismus, welcher
der Biologie wesentliche neue Gedanken hin-
zugefügt hat; solche liegen in seiner Definition des
Lebens und in der Bezugnahme auf das Instinktive vor.

Was nun noch bis zum Verfalle des älteren Vitalismus
folgt, sind fast stets nur alte Gedanken in mehr oder
minder verändertem Gewande, wenigstens soweit Biologen als Autoren vitalistischer Systeme in Betracht
kommen; nur der letzte solcher Autoren, J. Müller,
bildet hier eine Ausnahme im guten Sinne; an eigentlich
fortwirkender Kraft gebrach es freilich auch seinen Lehren.

Der schulmäßige Vitalismus[1].

H. F. Autenrieth hat ein recht lesbares Buch: „An-

---

1 In A. Nolls kleiner Schrift: „Die Lebenskraft" werden aus dieser
  Periode noch einige andere neben den von uns genannten Autoren
  durchgenommen. Noll behandelt aber überhaupt nur den Vitalismus der naturphilosophischen Periode, weder den antiken noch
  den um Descartes und Leibniz sich gruppierenden. Für die neueste
  Gestaltung der Autonomielehre, den sogenannten „Neovitalismus", ist sein Buch vollkommen ungenügend.

sichten über Natur- und Seelenleben" (Stuttgart 1836) über die Prinzipienfragen der Biologie geschrieben.

Von tieferer Analyse ist hier aber wenig mehr die Rede: der späteren Kritik eines Lotze wird es leicht gemacht.

Im Leben ist „etwas von dem materiellen Stoffe noch wesentlich Verschiedenes mit im Spiele"; diese „Lebenskraft" ist selbständig, unabhängig vom Körper. Das wird bewiesen durch die Urzeugung von Infusorien und Eingeweidewürmern, sowie dadurch, daß einzelne Organe oder ganze Organismen, z. B. Fische, erfrieren und später wieder auftauen können: hier war eben die Lebenskraft, welche eine wirklich meßbare „Kraft" ist, ganz oder zum Teil fortgewandert.

Auch die Katastrophentheorie beweist die Selbständigkeit der Lebenskraft, und ebenso wird sie durch die Tatsachen der Befruchtung bewiesen: da so sehr wenig Samen zu dieser genügt, ist das Körperliche an ihm unwesentlich.

Über Instinkt, der „im Bildungstrieb der vegetativen Lebenskraft begründet ist", sagt Autenrieth noch das Beste, aber nichts anderes als Treviranus. Instinkt ist nicht Verstand, kann sich aber, wie bei Biene, Katze, Hund, mit ihm kombinieren. –

F. Tiedemann[1] hält zwar den „Versuch der Metaphysik, eine vollständige Erkenntnis der Natur aus Vernunftideen zu geben", für „mißglückt", aber doch für ein Desiderat.

Seine eigenen biotheoretischen Versuche leiten Erwägungen über chemische Probleme ein, die überhaupt jetzt eine, wenigstens nebensächliche, Rolle zu spielen anfangen: im Unorganischen gibt es nur binäre Verbindungen, also müssen im Organischen, wo allein es ternäre und quaternäre gibt, Kräfte „gegen die Affinitäten"

---

[1] Physiologie des Menschen I. Darmstadt 1830.

wirksam sein; allerdings habe man Harnstoff und Oxal-
säure mit anorganischen Mitteln dargestellt, aber diese
stehen „auf der äußersten Grenze zwischen organischen
und anorganischen Zusammensetzungen" – eine Wendung, in der man wohl die Einsicht in die Bedenklichkeit
des vorher Behaupteten erblicken darf.

Die Organismen seien nun der Form nach mannigfal-
tiger als das Anorganische, der „Mischung" nach aber
einförmiger: auch daraus folge eine den ersteren eigene
Kraft, eine „höhere Kraft, welche die Gestaltung bewirkt". Diese Kraft „modifiziert" die Affinitäten, was allerdings seine Grenzen hat.

Weitere Überlegungen, im Verlauf deren auch eine
Urzeugung von Infusorien und Würmern aus zerfallenden organischen Stoffen, also eigentlich eine Wiederge-
staltungsfähigkeit derselben, deren Masse eben noch
nicht ganz abgestorben war, behauptet wird, führen
Tiedemann nun – in nicht eben sehr logischer Weise –
dazu, nach Art des sehr viel strenger vorgehenden Reil
einen „Lebensstoff" zu behaupten: das „materielle Sub-
strat der organischen Körper ist eine Materie eigener
Art, und zwar mit der Eigenschaft begabt, sich zu gestalten", sie war im Wasser enthalten und gestaltete sich
selbst. So ist alles mit einem Male erledigt. Daß aber „die
Hauptsache nicht erklärt sei", muß Tiedemann selbst
zugeben.

Im weiteren Verlauf beruft sich unser Autor einmal
auf die „eigentümliche des Lebens fähige Materie" des
Treviranus, ohne aber in die zwar auch nicht ganz klare, aber doch sehr viel tiefere Auffassung dieses Vor-
gängers einzudringen, und zitiert auch Buffon und
Needham beifällig.

Blumenbachs Nisus formativus wird als „dunkel"
bezeichnet, wobei man sich denn doch wahrlich fragen
muß, ob denn Tiedemanns nie zu wirklich logischer
Schärfe durchdringende Ausführungen solches nicht in
sehr viel höherem Grade selbst sind.

Das Beste bleiben noch gewisse Einzelheiten, wie denn z. B. der Gedanke, das Bestehen der leblosen Körper hänge „von der Ruhe, die in der Mischung eintritt", ab, „während das Dasein und die Erhaltung der Organismen durch fortdauernde Mischungsveränderungen bedingt" sei, an den modernen Begriff des „dynamischen Gleichgewichtes" anklingt; auch wird der Unterschied zwischen Kristallen und den wahren „Individuen", den Organismen, gut erörtert.

Von einem eigentlichen Beweise des Vitalismus ist, von den mißglückten Eingangserörterungen über Chemisches abgesehen, nirgends auch nur versuchsweise die Rede. –

K. F. Burdach[1] steht noch mehr im unmittelbaren Banne der Naturphilosophie als die eben genannten Männer.

Das Lebensprinzip ist kein „deus ex machina", sondern ein „deus ex vita": es genügt eben „keine mechanische, keine chemische Theorie zur Erklärung des organischen Bildens". Doch darf das Lebensprinzip nicht isoliert von Materie gedacht werden; es wirkt „durch materielle Mittel", „durch die gemeinen Tätigkeiten des Organismus, wie Sekretion, Absorption usw.". „Die Materie ist nur das Akzidens, Tätigkeit hingegen die Substanz des Organismus."

Im Entwicklungsverlauf vvird jedesmal „durch das Gebildete das Vonstattengehen ferneren Bildens gefördert" (V, 721); dieser wahrhaft geklärt-epigenetische Gedanke verdient entschiedene Anerkennung.

Soweit der fünfte Band des Werkes; im letzten sucht Burdach noch tiefer zu dringen:

Sicherlich kommen alle Kräfte der anorganischen Welt auch im Organismus zur Geltung: darauf haben sich

---

1 Die Physiologie als Erfahrungswissenschaft. Leipzig. 6 Bände.
Wichtig besonders V, 1835 und VI, 1840.

Descartes und die Iatromechaniker gegründet. Man hatte z. B. die Gelenkmechanik und manches am Blutkreislauf erklärt und glaubte nun alles zu erklären. Dabei übersah man noch gar den hohen philosophischen Standpunkt des Descartes.

Bewiesen aber haben die Materialisten nichts; von Männern wie Buffon und Needham gilt freilich das gleiche.

Der Materialismus kann stets nur Einzelheiten, nie die Beziehungen zum Ganzen erklären. Eine allgemeine organische Materie aber mit besonderen Kräften ist keine Erklärung, ganz abgesehen davon, daß es sie nicht geben kann, da das Leben ja auf Individualisierung geht. Elektrizität und Wärme können nicht der Lebensgrund sein, da sie die Mannigfaltigkeit der Lebensgebilde schon voraussetzen. „Erklärungen" durch Irritabilität und dergleichen sind bloße Klassifikationen. Aber auch Stahls Seele ist zu verwerfen, ebenso wie ein an ihre Stelle gesetztes Nervenprinzip: es gibt Leben ohne Nerven. Das Wort „Lebenskraft" endlich sagt nur aus, „daß es zu den eigentümlichen Erscheinungen des Lebens auch einen eigentümlichen Grund geben muß".

Wo also alles fehlschlägt – was ist zu tun?

Das Leben muß „aus dem alleinigen Grund des Daseins erklärt werden". Der Autor bezieht sich nun auf Fichte und Schelling: „Im Organismus finden wir dieselben Prädikate auf bedingte Weise, welche als unbedingt der Natur überhaupt zukommen."

Lebenskraft ist „der in bestimmten Schranken sich verwirklichende Urgedanke".

Wird solche Lösung befriedigen? Den wirklichen Naturforscher schwerlich. Jene Frage Reils, „wie man von der Idee zur Materie komme", muß eben aufgeworfen und darf nicht einfach abgeschnitten werden.

Sachlich bietet Burdach wahrlich nicht mehr als Oken, nur daß ihn klare logische Schulung und kritische Begabung, die überhaupt das Lesen des Werkes zu einer angenehmen und geradezu anzuratenden Lektüre machen, vor offenbaren Phantasiespielereien bewahren.

Schopenhauer zitiert Burdach oftmals beifällig; wenn man bedenkt, daß es ihm nur auf Metaphysisches, auf den „Willen in der Natur" ankam, kann man das begreifen. Man wird sich auch daran erinnern, daß Schopenhauer der eigentlichen „Naturphilosophie" gar nicht so fernstand, wie er selbst glaubte. –

Karl Ernst v. Baer, der berühmte Embryologe, war Burdachs Schüler und ist im Theoretisieren seiner früheren Zeit, die uns hier allein angeht, durchaus von ihm und von den Ausstrahlungen der Naturphilosophie abhängig. Ja, es wird sich später zeigen, daß er in Sachen der Teleologie über solche Abhängigkeit eigentlich nicht hinauskam. Wir hätten seines für die Embryologie grundlegenden, für die Fragen des Vitalismus aber nur wenig bedeutsamen Werkes[1] hier gar nicht zu gedenken, wenn nicht in der Widmung an Pander jener Satz vorkäme, der zum Überdruß oft von materialistisch-darwinistischen Autoren zitiert worden ist, in der Absicht, Baer zu einem der Ihrigen zu stempeln:

„Noch manchem wird ein Preis zuteil werden. Die Palme aber wird der Glückliche erringen, dem es vorbehalten ist, die bildenden Kräfte des tierischen Körpers auf die allgemeinen Kräfte oder Lebensrichtungen des Weltganzen zurückzuführen. Der Baum, aus welchem seine Wiege gezimmert werden soll, hat noch nicht gekeimt."

Daß mit solchem Wortlaut, wie übrigens ja auch schon der Ausdruck „Lebensrichtungen" sattsam zeigt, Baer von nichts weiter entfernt war als von materialistischer Naturauffassung, daß er hier vielmehr geradezu im

---

1 „Über Entwicklungsgeschichte der Tiere. Beobachtung und Reflexion." Königsberg I, 1828; II, 1837.

Sinne der Naturphilosophie denkt, zeigt nun unter anderem[1] folgendes:

„Ein Grundgedanke ist es, der durch alle Formen und Stufen der tierischen Entwicklung geht und alle einzelnen Verhältnisse beherrscht. Derselbe Gedanke ist es, der im Weltraum die verteilte Masse in Sphären sammelte und diese zu Sonnensystemen verband, derselbe, der den verwitterten Staub an der Oberfläche des metallischen Planeten in lebendige Formen hervorwachsen ließ. Dieser Gedanke ist aber nichts als das Leben selbst, und die Worte und Silben, in welchen er sich ausspricht, sind die verschiedenen Formen alles Lebendigen."

Das klingt beinahe okenisch, ist natürlich von klarer Stellungnahme zum teleologischen Problem weit entfernt und nur der Aufklärung über die Person des Autors wegen überhaupt bedeutsam.

Das eigentliche embryologische Verdienst des Werkes besteht bekanntlich in der Unterscheidung der Begriffe „Typus" (= Lageverhältnis) und „Grad der Ausbildung" und in dem Nachweis, daß der Typus die Entwicklungsweise bedinge, daß und wie er sich in der Ontogenie zeige.

Doch wir müssen abschließen; wir können nicht jeden Schriftsteller hier namentlich aufführen aus einer Zeit, in der alle Welt „vitalistisch" dachte, und daher auch jeder Autor, der gelegentlich theoretisierte, „vitalistische" Bemerkungen fallen ließ: so mag denn hier nur noch erwähnt sein, daß R. Wagner, der Herausgeber des bekannten „Handwörterbuches", mit den antivitalistischen Darlegungen seines Mitarbeiters Lotze, die wir bald analysieren werden, inhaltlich nicht übereinstimmte, und daß F. Magendie, dem es freilich mehr auf das eigentlich Sachliche als auf theoretische Exkurse ankam,

---

1 Baer betont auch z. B., daß Erklärungen des Lebens aus der Oxydation oder Elektrizität immer nur eine Seite berühren.

„rein physische und rein vitale Hergänge" sonderte, zugleich aber in recht klarer Weise ein Ineinandergreifen derselben behauptet hat[1].

Und nun wenden wir uns der Betrachtung des Mannes zu, der gewissermaßen den letzten Typus des älteren Vitalismus darstellt.

Johannes Müller.

Johannes Müller hat in seinem „Handbuch der Physiologie des Menschen"[2] zum letzten Male den schulenmäßigen Vitalismus in systematischer Darstellung zusammengefaßt. Da dem eigentlich sachlichen Inhalt nach das Müllersche Buch seine Vorgänger überragt und daher sein Einfluß ein größerer war, ist auch der ältere Vitalismus als Ganzes meist in der Müllerschen Form auf spätere Generationen gekommen, und gilt diesen Johannes Müller oft als ein besonders typischer Vertreter desselben. Das ist richtig im reinen Wortsinn, aber für den eigentlichen Ausbau der großen vitalistischen Lehre bedeutet Müller trotzdem nur in zwei einzelnen, allerdings nicht unwichtigen Punkten einen wirklichen Fortschritt, was uns immerhin genügt, ihn hier an hervorragender Stelle und nicht etwa nur als letzten der schulenmäßige Vitalisten zu behandeln. Irgendein wesentlich neuer Gedanke wirklich prinzipieller Art findet sich aber nicht bei ihm.

Jene Erörterung über den chemischen Gegensatz von Organismen und Anorganischem, die wir schon von Tiedemann her kennen, und die, wie Müller betont,

---

1 Précis élémentaire de Physiologie. 1816. Deutsch von Elsässer. 3. Aufl. 1834. Tübingen. M. redet u. a. von dem „schädlichen und abgeschmackten Glauben, als hätten die physischen Gesetze keinen Einfluß auf den lebenden Körper".

2 Koblenz. 1. Auflage, Band I; 1833; II 1840. 4. Auflage des Werkes 1844.

eine typische Stelle in jedem zeitgenössischen Lehrbuch der Chemie einnahm, leitet das Werk ein; ja, das Harnstoffproblem findet fast wörtlich dieselbe angebliche Erledigung wie bei Tiedemann. Im Leben herrscht also außer der Wahlverwandtschaft „noch etwas anderes" dazu.

Recht unbestimmt wird dann Kants Auffassung vom Organischen eingeführt. Erörterungen über den Begriff des Individuums erinnern wieder an andere Vorgänger.

Etwas selbständiger erscheint, wenigstens in der Form, der Gedanke, daß die im Organismus bestehende Harmonie zwischen Bau und Funktionsgetriebe zwar zur Kennzeichnung, nicht aber zur Erklärung der Organisationskräfte genüge, da die letzteren doch früher bestünden.

Müller wendet sich dann gegen die Evolutionslehre; die Epigenesis, die er übrigens nur streift, tritt insofern in geklärter Form auf, als Urzeugung in jeder Form, unter Berufung auf Spallanzani, nun endlich definitiv abgelehnt und die Permanenz organischer Materie behauptet wird.

Die Ansicht Stahls ist Müller sehr sympathisch, wobei wir es allerdings stark bezweifeln möchten, daß Stahl nicht die vorstellende Seele, sondern die „nach vernünftigem Gesetz sich äußernde Kraft der Organisation selbst" gemeint habe. Jedenfalls gibt letztere Äußerung Müllers eigene Ansicht, die ja nicht eben neu ist, wieder, und wenn er das „Bewußtsein" für ein Erzeugnis der Organisation und für an ein Organ, das Nervensystem, gebunden erklärt, so kann man hier nur die erkenntniskritische Unklarheit des Ausdrucks, diese allerdings stark, beanstanden.

Woher die Verbindung jener Kraft mit organischer Materie komme, ist unserem Autor „kein Gegenstand des Wissens". Diese Einsicht bedeutet wohl den Spekulationen der Früheren gegenüber einen wirklichen Fortschritt.

Freilich bedarf dieses Lob sogleich wieder der Einschränkung, wenn nun, mit Bezug auf Reil, die Frage, ob jenes Neue im Leben materiell oder nicht sei, als „ungewiß" bezeichnet wird. Müller ist hier sowohl von der Schärfe der Problemzergliederung, welche Reil auf seinen Lebensstoff führte, wie von der Schärfe der Überlegung, die z. B. Treviranus einen solchen ablehnen ließ, gleich weit entfernt.

Die bedeutsamsten der Müllerschen Überlegungen sind im letzten Bande seines Werkes diejenigen, welche von der Erörterung der sogenannten „Lebensreize" oder „integrierenden Reize", d. h. in unserer Sprache der notwendigen Bedingungen des Lebens, und von der Erörterung des Todes ausgehen. Die „Lebensreize" sollen „die organischen Kräfte beleben und verstärken". „Aus unbekannten Quellen der Außenwelt" wird durch die Pflanze „die Lebenskraft vermehrt". Und es muß wohl so eine Vermehrung geben, da ja „die organische Kraft beim Wachstum und bei der Fortpflanzung der organischen Körper multipliziert wird", man müßte denn „das Unbegreifliche annehmen, daß die beim Fortpflanzen stattfindende Teilung der organischen Kraft die Intensität derselben nicht schwäche". Beim Sterben wird umgekehrt die organische Kraft „in ihre allgemeinen natürlichen Ursachen aufgelöst, aus denen sie von der Pflanze regeneriert zu werden scheint".

Diese Erörterungen klingen beim ersten Anblick durchaus nicht ganz klar und sind auch nicht alle neu. Daß die Lebens„kraft" in quantitativem Sinne aufgefaßt wird, hatten wir auch bei Vorgängern Müllers schon zu erwähnen und zu tadeln.

Neu aber ist, und eine wirklich gute selbständige Überlegung, daß Müller, freilich innerhalb des falschen Gedankens, daß die „Lebenskraft" selbst eine quantitativ bestimmbare „Kraft" sei, die Frage nach der Herkunft einer „Quantität" aufwirft, also, modern gesprochen, so etwas wie eine „Energiequelle" ahnungsvoll fordert. Richtiges und Falsches ist hier gemengt; wir würden sagen: freilich muß es eine Energiequelle der Lebensphänomene geben, aber dasjenige, welches diese eigentlich charakterisiert, hat selbst mit solcher Energiequelle nichts zu tun.

Nach aristotelischem Muster unterscheidet Müller Vegetationskraft, Bewegungskraft, Empfindungskraft; alles stammt von dem „primum movens" her, welches immer Spezifizierteres erzeugt. Die Vernunft, welche analogienhaft jenem primum movens zuzuschreiben ist, übersteigt die menschliche bei weitem: „alle Probleme der Physik sind vor dieser schaffenden Tätigkeit gelöst". Sie ist auch die Ursache der Instinkte, die, nach Art des Treviranus, als ein „Träumen" gefaßt werden.

Neben der ahnungsvollen Frage nach einer „Energiequelle" des Lebens ist es das zweite wirkliche Verdienst Müllers, daß er, im zweiten Bande seines Werkes, die Probleme des sogenannten „Seelenlebens" als eigentlich naturwissenschaftliche Probleme der Physiologie einreiht, wenn solches auch in kritisch recht ungeklärter Form und unter sehr dunklen Verwendungen der Worte „Freiheit", „Empfindung" usw. geschieht.

Die Frage, ob „die Seele" und Materie notwendig verbunden seien oder nicht, wird ebenso wie jene nach der Verbindung von Materie und Lebenskraft offen gelassen.

„Der Wille setzt die Faserursprünge der Nerven, wie die Tasten eines Klaviers in Tätigkeit." „Alles übrige ist bloßer Mechanismus." Da die Existenz der Seele vom unverletzten Hirnbau jedenfalls nicht abhängt, insofern als sie ja vorher latent vorhanden war[1], so kann auch

---

1 Hierzu die Stelle: „Mit der Struktur ist das Wirken der schon (vom Keim her) vorhandenen Kraft gegeben, welche also von der Struktur des Gehirns nicht in ihrem letzten Grunde abhängig, aber in Hinsicht ihrer Äußerung von der Struktur abhängig ist."

wohl nicht die Seele „krank" sein, sondern nur das Gehirn.

Wie jene Aktion auf die Faserursprünge zustande kommt, ist vielleicht unbeantwortbar. Nicht maßgebend ist jedenfalls die Intensität einer Zweckvorstellung, denn „dann müßte die Bewegung mit beschleunigter Geschwindigkeit wachsen, wenn die Intensität jener Vorstellung zunähme"; nicht maßgebend ist auch die Erfüllung der Seele mit nur einer Vorstellung, denn man kann mehrere Bewegungen zugleich ausführen.

Solche Erwägungen wird man freilich nicht als sonderlich kritisch bezeichnen können.

Im einzelnen verdient in diesem Zusammenhang wohl Erwähnung die an Wundt erinnernde Betonung der Verwandtschaft von Wille und Aufmerksamkeit sowie die Theorie der Entstehung der Willenshandlungsbewegungen aus den ungeregelten Bewegungen des Neugeborenen durch Erfahrung, welche an Lotze gemahnt.

Besonders bedeutsam erscheint von Einzelheiten ferner die von Müller, trotz seiner Lehre von den „spezifischen Sinnesenergien", vertretene Indifferenz des Hirns: Verlust von Hirnsubstanz habe nie den Verlust bestimmter Vorstellungsmassen, sondern Abnahme der Klarheit aller zur Folge.

Erörterungen sehr allgemeiner Art beschließen Müllers theoretische Ausführungen und mögen auch unsere Analyse derselben beendigen:

„Das Verhältnis der Seele und des Organismus kann im allgemeinen verglichen werden mit dem Verhältnis jeder physischen allgemeinen Kraft und der Materie, an welcher sie sich äußert, z. B. des Lichtes und der Körper, an welchen es zum Vorschein kommt. Das Rätselhafte des Zusammenhanges bleibt sich in beiden Fällen gleich."

Die Wirkung von Geist auf Körper und von Körper auf Geist wird von Müller etwa im Schema der Herbartschen Monadenlehre gedacht.

Liebig.

Den einen Abschluß dieses Teiles unserer Betrachtungen mögen eines bedeutenden Chemikers Ansichten über die Phänomene des Lebens bilden.   .

Die Worte, welche J. v. Liebig in seinen „Chemischen Briefen"[1] und, weniger eingehend, auch in seiner „Tier-Chemie"[2] den biologischen Grundproblemen widmet, gehen zwar weniger auf das einzelne und auf eine Begründung des Vitalismus, sie sind aber wegen gewisser allgemeiner Charaktere sehr zu beherzigen, und überdies zeigen sie, daß die Chemiker jener Zeit – und als ihr Vertreter überhaupt spricht Liebig – von einer Gegnerschaft gegen den Vitalismus weit entfernt waren:

Obwohl chemische Kraft und Lebenskraft einander nahe stehen und der Chemiker alle möglichen organischen Stoffe bereits herstellen kann und noch viel mehr Stoffe einst herstellen können wird, so wird doch „nie der Chemismus imstande sein, ein Auge, ein Haar, ein Blatt zu erzeugen". „Die Form, die Eigenschaften der einfachsten Gruppen von Atomen bedingt die chemische Kraft unter der Herrschaft der Wärme, die Form und Eigenschaften der höheren, der organisierten Atome bedingt die Lebenskraft."

Freilich hat die letztere Grenzen: sie kann z. B. nicht die Elemente ineinander verwandeln.

Die antivitalistischen Materialisten sind meist viel zu summarisch verfahren; freilich war meist auch die Methode der Vitalisten zu summarisch, da sie eben doch

---

1 Leipzig 1844. 4. Aufl. 1859.

2 „Die Tier-Chemie in ihrer Anwendung auf Physiologie und Pathologie." Braunschweig. 3. Aufl. 1846.

nicht alle Möglichkeiten übersahen. Aber das hindert nichts an der Richtigkeit der vitalistischen Auffassung.

„Nur die mangelhafte Kenntnis der anorganischen Kräfte ist der Grund, warum von manchen Männern die Existenz einer besonderen in den organischen Wesen wirkenden Kraft geleugnet, warum den anorganischen Kräften Wirkungen zugeschrieben werden, die ihrer Natur entgegengesetzt sind, ihren Gesetzen widersprechen. Sie wissen eben nicht, daß die Entstehung einer jeden chemischen Verbindung nicht eine, sondern drei Ursachen voraussetzt", nämlich neben Wärme und Affinität die „formbildende Kraft der Kohäsion oder Kristallisation". „Im lebendigen Körper kommt eine vierte Ursache hinzu, durch welche die Kohäsionskraft beherrscht wird, durch welche die Elemente zu neuen Formen zusammengefügt werden, durch die sie neue Eigenschaften erlangen, Formen und Eigenschaften, die außerhalb des Organismus nicht bestehen."

Gegner des Vitalismus sind meist „Fremdlinge in den Gebieten, welche die Erforschung chemischer und physikalischer Kräfte zur Aufgabe haben". Wer denkt hier nicht daran, daß auch in neuerer Zeit Physiker und Chemiker das Biologische oft viel vorurteilsloser beurteilt haben als Biologen! Man denke an Ostwald, Hertz, Maxwell und andere! Und wer möchte nicht glauben, daß Liebig in den sechziger bis achtziger Jahren des verflossenen Jahrhunderts anstatt manche Dezennien früher geschrieben habe, wenn er liest von den „Dilettanten, welche von ihren Spaziergängen an den Grenzen der Gebiete der Naturforschung die Berechtigung herleiten, dem unwissenden und leichtgläubigen Publikum auseinanderzusetzen, wie die Welt und das Leben eigentlich entstanden, und wie weit doch der Mensch in der Erforschung der höchsten Dinge gekommen sei", von jenen Dilettanten, an deren Reden über das Verhältnis von Geist und Gehirn, wenn man allen „Flitter und Tand" ab-

streift, übrigbleibt, „daß wir ohne Gehirn nicht denken",
wie wir ohne Beine nicht gehen können.   '

Nur Auswüchse der Naturphilosophie können nach
Liebig den Materialismus wenigstens einigermaßen
entschuldigen.

„Ausnahmen eines Naturgesetzes" aber hinwiederum
sollen seine „vitalen Eigenschaften" nicht bedeuten.

Doch haben uns die letzten Betrachtungen schon in
eine Zeit geführt, in der der Vitalismus um seine Daseins-
berechtigung zu kämpfen hatte, in der auch etwas anderes als er auf dem Plane war.

Ehe wir aber in die neugeschaffene Lage der wissenschaftlichen Dinge tiefer eindringen, wollen wir diesem
Teile unserer Erörterungen noch einen zweiten Abschluß
geben.

Wie der Hinweis auf philosophische Lehren, auf die
Naturphilosophie Schellings und Hegels nämlich,
diesen Teil einleitete, so soll ihn der Hinweis auf die Lehren eines Philosophen beschließen, der es uns, wenn er
noch lebte, vielleicht sehr verübeln würde, daß wir ihn
hier mit den verhaßten „Philosophieprofessoren" zusammen in einem Satze nennen, da er nämlich über
Differenzen das Verwandtschaftliche übersah, der Hinweis auf

Schopenhauer.

Die Willensmetaphysik des Philosophen geht uns in
unserer naturwissenschaftlichen Geschichtschreibung
zwar nicht mehr an als das Vernunftsystem seiner Gegner, und wenn er, um darzutun, daß die Natur verschiedene Stufen der „Objektivation des Willens" zeige, und
daß die lebenden Wesen die höchste dieser Stufen sei-
en, eine große Menge biologischer Tatsachen beibringt[1]

---

1 Vgl. vor allem das „zweite Buch" beider Bände des Hauptwerkes,
  ferner die Schrift „Über den Willen in der Natur".

und in allgemein vitalistischer Weise auffaßt, so ist das in unserem Sinne höchstens Material für Naturforschung[1]. Wie die verschiedenen Objektivationsstufen zueinander oder zu einem Neutralen (der Materie?) stehen, das gälte es im Sinne des Vitalismusproblems auszumachen. Davon aber wird nicht im einzelnen geredet. Überhaupt wird von Schopenhauer die Richtigkeit der vitalistischen Lehre mehr behauptet, als sie bewiesen wird. Doch befindet man sich bei ihm, im Gegensatz zu Schelling, in Sicherheit darüber, daß er sie, im Sinne dynamischer Teleologie, vertritt.

Unmittelbar naturwissenschaftlich bedeutsam und wissenschaftsmethodologisch wichtig erscheint aber ein ganz bestimmter Gedanke Schopenhauers, und dieser Gedanke knüpft an die „Kritik der Kantischen Philosophie", insbesondere an die Kritik der teleologischen Urteilskraft an[2]; er folge hier wörtlich:

„Mit Recht behauptet Kant, daß wir nie dahin gelangen werden, die Beschaffenheit der organischen Körper aus bloß mechanischen Ursachen, worunter er die absichtslose und gesetzmäßige Wirkung aller allgemeinen Naturkräfte versteht, zu erklären. Ich finde hier jedoch eine Lücke[3]. Er leugnet nämlich die Möglichkeit einer solchen Erklärung bloß in Rücksicht auf die Zweckmäßigkeit und anscheinende Absichtlichkeit der organischen Körper. Allein wir finden, daß, auch wo diese nicht statthat, die Erklärungsgründe aus einem Gebiet der Natur nicht in das andere hinübergezogen werden können, sondern uns, sobald wir ein neues Ge-

---

1 Bedeutsam erscheint in dieser Hinsicht zumal die von Schopenhauer scharf gezogene Parallele zwischen Instinkt und dem Wirken der organisierenden Natur. Vgl. z. B. Welt a. W. u. V. II. Buch 2, Kap. 27.

2 Anhang zum ersten Bande des Hauptwerkes.

3 Dieser Sperrdruck rührt von mir her.

biet betreten, verlassen, und statt ihrer neue Grundgesetze auftreten, deren Erklärung aus denen des vorigen
gar nicht zu erhoffen ist. So herrschen im Gebiet des
eigentlich Mechanischen die Gesetze der Schwere, Kohäsion, Starrheit, Flüssigkeit, Elastizität, welche an sich
als Äußerungen weiter nicht zu erklärender Kräfte da-
stehen, selbst aber die Prinzipien aller ferneren Erklärung, welche bloß in Zurückführung auf jene besteht,
ausmachen. Verlassen wir dieses Gebiet und kommen zu
den Erscheinungen des Chemismus, der Elektrizität,
Magnetismus, Kristallisation, so sind jene Prinzipien
durchaus nicht mehr zu gebrauchen, ja, jene Gesetze
gelten nicht mehr, jene Kräfte werden von anderen
überwältigt, und die Erscheinungen gehen in geradem
Widerspruch mit ihnen vor sich, nach neuen Grundge-
setzen, die, eben wie jene ersteren, ursprünglich und
unerklärlich, d. h. auf keine allgemeineren zurückzuführen sind... Eine Erörterung dieser Art würde, wie es mir
scheint, in der Kritik der teleologischen Urteilskraft von
großem Nutzen gewesen sein und viel Licht über das
dort Gesagte verbreitet haben."

Dieser Gedankengang[1] ist zwar nicht ganz im Sinne
Kants, dem ja eine Auflösung aller Physik in Bewegungs-

---

1 Der Gedanke, daß die verschiedenen Gebiete der Naturforschung –
Mechanik, Physik, Chemie, Biologie – es mit Stufen immer kompli-
zierteren Geschehens zu tun haben, findet sich auch bei A. Comte
(Cours de Philosophie positive, Band III, 3. Aufl., Paris 1869). Freilich verhindert den französischen Philosophen seine Furcht vor
Metaphysik und „Entitäten", sein angeblicher „Positivismus" also,
der tatsächlich eine Unvollständigkeit, nämlich ein Übersehen des
kategorialen Zwanges in Begriff und Urteilbildung, bedeutet, das
eigentliche Problem des Vitalismus klar zu sehen. So bleibt es denn
einigermaßen unklar, ob er in den verschiedenen Gebieten der Na-
turerscheinungen an sich intensiv komplizierende Sondergesetz-
lichkeiten oder an bloße Komplikationen der Konstellation denkt:
Ersteres freilich denkt uns wahrscheinlicher: Wir sagen nur diese

vorgänge als Ideal vorschwebt, und er ist für das Anorganische, angesichts der Entwicklung der Physik und Chemie, die ja ein großes Ganze geworden sind, auch sachlich nicht zu halten, aber er ist methodisch insofern noch heute bedeutsam, als er antidogmatisch ist und den Satz, es müsse auf jeden Fall der Allmechanismus das Geschehensschema der empirischen Wirklichkeit sein, a limine abweist. Schopenhauer beweist zu viel: im Anorganischen kann alles in einheitlicher Form, im Sinne einer Materientheorie, gestaltet werden. Aber denkbar wäre ja freilich auch hier eine andere Lage der Dinge; und diese andere Lage der Dinge ist nun in der Welt des Lebendigen verwirklicht: die Biologie ist autonome Sonderwissenschaft.

Von den biotheoretischen Sondergedanken Schopenhauers sei nur der eine erwähnt, daß das Instinktleben in seiner Unbewußtheit und, um mit G. Wolff zu reden, „primären Zweckmäßigkeit" gewissermaßen die Fortsetzung des Formbildungslebens sei, eine durch den Verlauf der Forschung von Jahr zu Jahr mehr befestigte Lehre.

Des älteren Vitalismus Ende.

Man sagt von politischen Parteien, daß sie erschlaffen, wenn sie keine Gegner mehr haben.

Etwas Ähnliches gilt auch von wissenschaftlichen und philosophischen Doktrinen: nicht als ob sie als solche aufhörten zu existieren, aber sie verlieren ihre Strenge, ihr fortwährendes Auf-der-Hut-Sein in Gewärtigung eines doch vielleicht noch möglichen und nicht ganz ungerechtfertigten Angriffs. Sie werden in ihren Folgerungen lax und unvorsichtig, indem sie vergessen, jede Folge-

---

wenigen Worte über Comte, da wir später in Claude Bernard einen Forscher zu behandeln haben werden, der einen ähnlichen Standpunkt naturwissenschaftlich durchgebildeter vertritt.

rung auf ihre erkenntniskritische Berechtigung hin zu prüfen; schllmmer aber noch ist, daß sie lax in bezug auf die **Fundamente** werden: diese gelten für so sicher, daß es gar nicht mehr für der Mühe wert gilt, sie zu prüfen, ja auch nur sie zu erwähnen; geschweige denn, daß man sie durch immer neu beigebrachte Beweise des eigentlichen Grundsachverhaltes zu festigen trachtete.

Und dann zerfällt einmal die Doktrin und stirbt. Sehr wohl kann sie trotzdem die richtige Deutung des Sachverhaltes gewesen sein. Aber alles Richtige war überwuchert von Haltlosem und Falschem. Nicht also „widerlegt" sie dann die nun aufkommende gegnerische Doktrin; widerlegen tut diese nur das wirklich Falsche an ihr. Aber da die neue Doktrin scharf und streng vorgeht, da sie für sich kämpft, so nimmt sie alle Unselbständigen für sich ein und läßt darüber hinwegsehen, daß sie den richtigen Kern an jener durch Laxheit verkommenen älteren Lehre doch eigentlich gar nicht getroffen hatte.

Neu und gereinigt erhebt sich endlich die richtige alte Lehre aus ihrer scheinbaren Vernichtung: sie kann dann wirklich sachgemäßer, ehrlicher Kritik aufrichtig dankbar sein, mag diese auch im innersten Kern unrecht gehabt haben. . .

Was aber hier geschildert wurde, das ist mit dem älteren Vitalismus geschehen:

Er starb aus Mangel an Gegnern: wer hat noch seine eigentlichen Fundamente in den sechs letzten von uns geschilderten Dezennien seiner Entwicklung wirklich geprüft? Wer suchte noch seine sachliche Berechtigung als eine von mehreren Möglichkeiten gegen die andere zu **beweisen**? Wer prüfte jede seiner Folgerungen? **Blumenbach** hat als letzter unter Naturforschern das alles getan.

Und so ist denn die Kritik gekommen, die den Vitalismus äußerlich auf eine Zeit hin vernichtet hat.

Widerlegt hat sie ihn unseres Erachtens nicht, sondern gereinigt, und wir legen Wert auf unsere Aussage, daß der ältere Vitalismus ganz eigentlich aus sich selbst gestorben sei.

II. Die Kritik und die materialistische Reaktion.

Unter allen Kritiken und Abweisungen, welche in der Mitte des neunzehnten Jahrhunderts und noch etwas später gegen den älteren Vitalismus laut wurden sind nur zwei gut, sind nur zwei, die wirklich ernst zu nehmen sind und nicht im Phrasenhaften steckenbleiben. Diese zwei aber sind sehr gut: sie rühren von Lotze und von Claude Bernard her. Es ist nun aber höchst seltsam zu sehen, wie trotz aller Kritik und Ablehnung beide genannten Männer schließlich manches Richtige an den vitalistischen Lehren doch anzuerkennen durch die Wucht des Tatsächlichen gezwungen sind.

Ihre Äußerungen sind also im letzten Grunde zwar Kritiken, aber doch keine eigentlichen widerlegenden Abweisungen; und was wirklich eine völlige Widerlegung zu sein behauptete, das trug, wie wir schon sagten und begründen werden, die Zeichen der Oberflächlichkeit offen an der Stirn.

Daß trotz des wahren Sachverhaltes jene beiden Kritiken vom materialistischen Sensationsbedürfnis der Zeit in durchaus mißverständlicher und den Absichten ihrer Urheber widersprechender Weise als absolute Widerlegungen aufgefaßt wurden, tut der Richtigkeit unserer Auffassung natürlich nicht im geringsten Abbruch.

Lotze.

H. Lotzes Artikel „Leben und Lebenskraft" im ersten Bande von Wagners Handwörterbuch der Physiologie (Braunschweig 1842) ist aller Kritiken des Vitalismus gediegenste.

Wenn Lotze freilich behauptet, es sei schon darum falsch, die „Lebenskraft" zur Ursache „des Lebens" zu machen, da überhaupt kein Geschehen in der Natur nur eine Ursache habe, so ist dem entgegenzuhalten, daß unser Autor diesen angeblichen Angriff unterlassen haben dürfte, wenn er anstatt an den neuesten Vitalismus sich an Wolff oder Blumenbach gehalten hätte. Zumal des ersteren „Akzessorische Prinzipien" durften· den Angriff wohl gegenstandslos erscheinen lassen.

Und ein gleiches trifft nun überall zu: der Auswüchse waren eben so viele geworden, daß gerade der Zeitgenosse leicht den Blick für das doch Richtige verlor.

Gegen des Treviranus „lebensfähige Materie" führt unser Kritiker an, daß sie eigentlich überflüssig sei, da die spezifischen Gestalten sich ja durch die Beziehungen von Lebenskraft und äußeren Faktoren ergeben sollen. Gewiß trifft dieser Einwand zu; „den" Vitalismus trifft er nicht.

Und wenn Lotze sich gar gegen das „Wandern" der „selbständigen" Lebenskraft im Sinne Autenrieths wendet und bemerkt, die Lehre der Älteren, daß die Lebensformen „Ideen" seien, sei denn doch wahrlich noch besser gewesen, so hat er uns ganz auf seiner Seite, uns, die wir uns zum „Vitalismus" bekennen.

Schelling und seine Nachfolger, meint Lotze, haben allerdings „niemals einen klaren Begriff von dem wirklichen Verhältnis einer legislativen Idee zu ihren exekutiven Mitteln" gehabt. Die „Idee der Gattung" als „legislative Gewalt" sei gleichsam „eine Gleichung für die Kurve des Lebens"; aber diese Gleichung habe bei ihnen „die Bahn der Kurve nicht bloß bestimmt, sondern beschrieben".

Auch das unterschreiben wir gern; es kommt uns nur nicht so ganz neu vor. Wir erinnern uns z. B., daß gerade Reil das Problem, „wie man von der Idee zur Materie komme", aufs drückendste empfand.

Lotze meint nun freilich ganz allgemein: der Bildungstrieb könne nie „erklären", da hier „das Gesetz fehle"; er klassifiziere höchstens.

Was soll denn „erklären", was „das Gesetz" bedeuten? Lotze denkt wohl an quantitative Gesetze; aber wo sollen die herkommen, wo das Wesentliche

eben nicht quantitativ ist? Und was heißt denn „erklären" von Vorgängen anderes als unter Vorgangsschema-
ta subsumieren?

Wenn Lotze weiter ausführt, daß alles Regulative im
Lebensgeschehen für den Vitalismus nichts beweise, da
ja bisweilen kein Regulationsvermögen vorhanden sei, so
ist das ein – leider auch in unserer Zeit oft gehörter –
Fehlschluß: eine Faktenreihe kann nämlich überhaupt
immer nur beweisen da, wo sie vorkommt, und nie da,
wo sie nicht vorkommt; ich kann auch Optik nicht wohl
in einer dunklen Höhle studieren, ohne Licht bei mir zu
haben; wo eine Faktenreihe vorkommt, da tritt die Frage
nach ihrer Beweiskraft überhaupt erst auf.

Wenn aber Lotze die Monstra als Gegengewicht gegen den Vitalismus ausspielt und von dem „Grauen"
spricht, das hier der frei gewordene Mechanismus erre-
ge, nun, so hatte Blumenbach ganz dieselbe Sachlage
gesehen und war doch Vitalist geblieben.

Die langen Erörterungen gegen die Bezeichnung Le-
bens„kraft" aber und gegen die „Teilung" dieser „Kraft"
sind durchaus zutreffend; nur ist zu bedenken, daß es
sich hier doch nur um ein Wort handelt, das sogar von
manchen Vitalisten vermieden wurde, und daß doch
gerade des unmittelbaren Zeitgenossen Lotzes, Johannes Müllers, Verdienst ganz wesentlich darin bestand, daß er sich so etwas wie eine Energiequelle der
Lebensvorgänge plausibel zu machen suchte.

Seltsam berührt es nach allem Gesagten, wenn wir
nun plötzlich von Lotze erfahren, daß des alten Stahl
Lehre von der die Lebensvorgänge beherrschenden
„Seele" kein so großer Fehler gewesen sei, denn hier sei
die Seele als „Substanz" gedacht, und damit wenigstens
etwas, „das eine Wirkung hervorbringen kann", eingeführt gewesen.

Es scheint hier fast, als habe Lotze sich bei allem Vitalismus eigentlich nur an dem Worte „Kraft" gestoßen.
Doch wäre das irrtümlich; er lehnt für die eigentlich ve-

getativen und gestaltlichen Vorgänge in der Tat den Vitalismus als sachliche Lehre ab und erklärt zum Schluß der betreffenden Betrachtungen ausdrücklich die Organismen für „Maschinen", wobei freilich dieser Begriff weit gefaßt werden müsse[1].

Lotze ist also bis hierher statischer Teleologe; zu dem Unsinn, das Zweckmäßige überhaupt als irreduzible Sonderheit zu leugnen, konnte sich ein Mann wie er selbstredend nicht versteigen.

Nun aber kommt der zweite Teil des Lotzeschen Aufsatzes, der vom „Seelenleben" handelt[2], und nun wird unser Philosoph und Physiologe ausgesprochener Vitalist! Also darum wohl war ihm auch im Gebiete des vegetativen Vitalismus die Ansicht Stahls noch die sympathischste gewesen!

Die „Seele", als ein der übrigen Natur gegenüber durchaus Neues, ist imstande, „einen absolut neuen Anfang der mechanischen Bewegung zu setzen".

Lotze betont, daß eben dieses Faktum auch angenommen werden müsse, wenn es etwa eine Heilkraft der Natur wirklich gäbe.

Hier sehen wir deutlich, wie sein falscher dogmatischer Mechanismus einerseits, seine geradezu naturgegensätzliche Auffassung der „Seele" anderseits Lotze von einer wirklich vorurteilslosen Auffassung der Sachlage fernhält.

Wie „wirkt" nun nach Eigengesetzlichkeit die „Seele"?

Gedanken, Ideen als solche freilich „haben nicht die mindeste massenbewegende oder überhaupt bewegen-

---

1 Später wird ausdrücklich noch einmal die, sehr einfachepigenetisch gedachte, Formbildung und das funktionelle Erhaltungsgetriebe für maschinell erklärt.

2 Man vergleiche hierzu auch die Aufsätze von Lotze: „Instinkt" und „Seele und Seelenleben" in Band 2 und 3 des Wagnerschen Handwörterbuches.

de Kraft. Sie können aber solche Kraft insofern erlangen, als in bestimmte Zustände, Modifikationen oder Bewegungen eines Wirklichen, eines Substanziellen nämlich der Seele, sind". So nämlich stehen sich Zustände verschiedener Substanzen „in dem gleichen Sinne des Daseins" gegenüber. Ursache und Wirkung aber gelte von allem Wirklichen „unangesehen, ob dies Körper oder Geist" sei. So ist jede Schwierigkeit überwunden. „Aus dem Begriff der Substanz", welcher Geist und Körper gemeinsam ist, wird alles verstanden.

Lotze hält sogar eine unmittelbare Wirkung der Seele auf einen fremden Leib für möglich.

Anderseits denkt er an wirklich strenge Gesetze der seelisch-körperlichen Beeinflussung.

Daß Lotze nun, trotz seiner Ablehnung des eigentlichen biologischen Vitalismus, diesem in seiner Seelentheorie doch so außerordentlich nahe kommt, daß man sich immer wieder aufs neue wundern muß, wie er dazu kommt, ihn abzulehnen, zeigt eine nähere Analyse dessen, was er sich eigentlich als seine „Seelen"leistung denkt:

Vorstellungen, Gefühle, Begierden, sagt er, seien nur „Erscheinungsweisen, welche innere Zustände der Seelensubstanz für unsere eigene Beobachtung annehmen. Als solche Scheine haben sie sämtlich nicht die geringste Kraft, das Wirkliche zu bewegen; dagegen die inneren, unbewußten, der Erfahrung völlig ab gewandten, nie zu unserer Ansicht gelangenden Zustände der Seele als Substanz können mit den Zuständen des anderen Wirklichen, des Leibes, zusammengenommen, den Grund zu dem Hervortreten einer Massenwirkung mit ganz neuem Anfang erhalten".

Lotze ist Metaphysiker, das zeigt schon frühzeitig sein Begriff der „wirklichen Substanz"; er hat später in seiner „Metaphysik" (1884) seinen Weltmechanismus geradezu als Betätigung einer Substanz gedacht, um transeunte Kausalität aus immanenter verständlich zu machen. Ferner läßt er Unbewußtes und doch Zweckmäßiges als Faktor in der wirklichen Natur tätig sein, ja, er faßt auch die „Instinkte" in entsprechender, ausgesprochen nichtmaschineller Weise auf[1].

Warum denn lehnt er da den Vitalismus ab? Ist etwa seine Anschauung etwas anderes als Vitalismus im speziellen Gebiet, nämlich im Gebiet der Handlungen des Menschen, der doch auch ein Lebewesen ist? Unterscheidet sich seine Theorie der Seelenwirkung auch nur im geringsten von derjenigen Johannes Müllers? Soll doch sogar seine Leib-Seelen-Kausalität nicht schwieriger als jede Art von Kausalität zu verstehen sein, und hat er doch von der Materie eine durchaus geklärte Auffassung!

Wahrlich nur die Auswüchse des eigentlichen Vitalismus im engeren Sinne haben Lotze veranlassen können, hier im ganzen abzulehnen, was er im Teil doch annahm; daneben aber spielte, wie bei Kant, der allmechanistische Dogmatismus seine verderbliche Rolle[2].

Bernard.

Von Claude Bernard rührt die andere bedeutsame Kritik des älteren Vitalismus her. Obwohl sie erst aus den siebziger Jahren stammt und insofern manchen bald kurz zu nennenden Gelegenheitsäußerungen und Zeitströmungen antivitalistischer Art zeitlich nachfolgt, behandeln wir sie hier, um das wenige an wirklich tiefgehender Kritik, das es gibt, nicht zu trennen.

Viele Kapitel von Bernards „Leçons sur les phénomènes de la vie"[3] sind biotheoretischen Erörterungen allgemeinster Art gewidmet; auf die geschichtlichen Ex-

---

1 Vgl. den Artikel „Instinkt" in Band 2 des Handwörterbuches.
2 Man vergleiche die gute Arbeit von Paul Lang: Lotze und der Vitalismus, 1913.
3 Paris 1878/9. 2 Bände.

kurse des zweiten Bandes, die namentlich über die Biologiegeschichte des sechzehnten und siebzehnten Jahrhunderts Gutes bieten, sei hier ausdrücklich die Aufmerksamkeit gelenkt.

Auch Bernard kämpft gleich Lotze zum großen Teil
gegen Windmühlen, d. h., was er bekämpft, ist zwar
einmal von einem Vertreter des Vitalismus – meist von
Bichat – gesagt worden, und es war nicht gerade zutreffend: aber es war doch nicht „der" Vitalismus.

Wer hat denn zum Beispiel die Lebenserscheinungen
sein lassen „régies directement par un principe vital
intérieur" ohne Abhängigkeitsbeziehung von äußeren
Bedingungen? Wolff, Blumenbach, Liebig ganz sicherlich nicht! Wer hat nichts anderes gesehen als „l'intervention d'une force extraphysique, spéciale, indépen-
dante"? Doch gewiß nur einige.

Doch hält sich Bernard nicht etwa nur an Auswüchse der vitalistischen Lehre, und wo er das nicht tut,
da wird seine Kritik in gewissem Grade zur Zustimmung:

„Nous nous séparons des vitalistes, parce que la
force vitale, quel que soit le nom qu'on lui donne, ne
saurait rien faire par elle-même, qu'elle ne peut agir
qu'en empruntant le ministère des forces génerales de la
nature et qu'elle est incapable de se manifester en
dehors d'elles. – Nous nous séparons également des
matérialistes; car, bien que les manifestations vitales
restent placées directement sous l'influence de conditions physico-chimiques, ces conditions ne sauraient
grouper, harmoniser les phénomènes dans l'ordre et la
succession, qu'ils affectent spécialement dans les êtres
vivants."

„Il y a dans le corps animé un arrangement, une
sorte, d'ordonnance que l'on ne saurait laisser dans
l'ombre; parce qu'elle est véritablement le trait le plus
saillant des êtres vivants." Das Wort „force" sei zwar
nicht besonders gut zur Kennzeichnung des Gemeinten,

„mais ici le mot importe peu, il suffit que la réalité du fait ne soit pas discutable".

„Les phénomènes vitaux ont bien leur conditions physico-chimiques rigoureusement déterminées; mais en même temps ils se subordonnent et se succèdent, dans .. un enchaînement et suivant une loi fixés d'avance." ...

„Il y a comme un dessin préétabli de chaque être et de chaque organe."

Deutlich teleologisch gedacht ist das, aber es läßt wohl noch den beiden Alternativen des Teleologischen, dem Statischen und dem Dynamischen, Raum. Ist Bernard in dieser Frage ganz zu Klarheit gekommen oder blieb ihm eine Dunkelheit, die selbst Kant vielleicht nicht ganz überwunden hatte?

Bernard befürwortet einen „plan organique", aber nicht die „intervention d'un principe vitale". Letztere, eine „force vitale", sei höchstens als „force législative", aber nicht als „force exécutive" zuzulassen. Das klingt statisch-teleologisch.

Aber dann folgt die Stelle: „La force vitale dirige des phénomènes qu'elle ne produit pas; les agents physiques produisent des phénomènes qu'ils ne dirigent pas". Das könnte vitalistisch klingen.

Zum tieferen Verständnis der Meinungen Bernards muß uns nun ein Gedankengang dienen, den wir für sein Bestes halten möchten, eine Gedankenfolge, mit der er sich den Bahnen phänomenologischen Denkens, z. B. eines Mach, mindestens nähert:

Jede Wissenschaft, sagt Bernard, auch z. B. die Optik oder Elektrik, kenne nur die Bedingungen, die „conditions physico-chimiques", unter denen sich die von ihr studierte Erscheinungsart zeige, sie kenne nur deren „déterminisme". An Stelle der alten „cause" tritt eben diese Einsicht, daß gewisse „conditions" das „phénomène" zeitigen.

Wird einer „Kraft" (force) das Phänomen zugeschrieben, so ist diese stets „metaphysisch", sie wird nur „gedacht", ist nicht „active". Die „causes premières" sind „inaccessibles".

Und in dieser Bedeutung der Worte studiere nun der Physiologe „le déterminisme physico-chimique correspondant aux manifestations vitales".

Ist das nicht Vitalismus? Bernard wirft im Zusammenhang mit dem Erörterten den Vitalisten vor, daß sie jenen „déterminisme" geleugnet hätten. Abgesehen davon, daß das viele, z. B. Blumenbach und Wolff, sicherlich nicht trifft: hat er ihnen nur das vorzuwerfen? Nun dann verdient Bernard wirklich die Bezeichnung eines „geklärten Vitalisten".   .' .

„Il y a des conditions matérielles (physico-chimiques) déterminées qui règlent l'apparition des phénomènes de la vie. Il y a des lois préétablies qui en règlent l'ordre et la forme." „La vie n'est ni plus ni moins obscure que toutes les autres causes premieres."

Freilich so ganz ohne alle Bedenken können wir Bernards Stellung zum Lebensproblem trotz alles Gesagten doch immer noch nicht festlegen, und es wird wohl dabei bleiben müssen, daß er die beiden Seiten von Teleologie nicht scharf genug geschieden sah: anstatt „lois préétablies" sagt er einmal „conditions organiques", was offenbar mehr nach maschinentheoretischen Ansichten klingt;. er fordert ferner, man solle, mit Leibniz, das Leben studieren, „als ob" keine „force vitale" existiere. Warum denn das?

Wenn anderseits gesagt wird, das Leben sei zwar kein „principe", aber auch keine „resultante" der „conditions", so klingt das wieder vitalistisch.

Kurz und gut: auf völlig eindeutigem Standpunkt zeigt sich Bernard unseres Erachtens, trotz des vielen Guten, das er im einzelnen beibringt, doch nicht. Mangelnde Analyse dessen, was Erkenntnis von Naturphänomenen überhaupt bedeutet und allein bedeuten kann, ist wohl schuld an diesem Zustand.

Gerade die letzten Worte, mit denen er am Schlusse des zweiten Bandes seinen „vitalisme physique" noch einmal zusammenfaßt, lassen wieder das eigentlich „Vitalistische" dieses Vitalismus im Dunkel: „l'élément ultime du phénomène est physique; l'arrangement est vital".

Das wäre statische Teleologie reinster Art, wenn Bernard nicht jenen schönen und klaren Gedankengang über die „conditions" und „manifestations" dargeboten hätte.

Auf Grund dieses Gedankenganges dürfen wir denn doch wohl Bernard als wahren Vitalisten in Anspruch nehmen, der nur in bezug auf die Wahl mancher Ausdrücke der Inkonsequenz zu zeihen ist – vielleicht, weil er nicht ganz klar den Unterschied von statischer und dynamischer Teleologie gesehen hat.

So hätte denn also unseren Kritiker die Kritik des – teilweis mißverstandenen – älteren Vitalismus selbst zum geklärten Vitalismus geführt.

Wollen wir uns am Schlusse noch einigen mehr speziellen Gedankenreihen Bernards zuwenden, vor allem also jenen Erörterungen, die er der tierischen Entwicklung widmet, so wird sich auch hier ein starkes Ringen nach Klarheit ohne ein völliges Erreichen derselben zeigen: Bernard besitzt den klaren Begriff dessen, was Roux heute „Selbstdifferenzierung" nennt, er weiß, daß die Teile des Embryo sich in relativer Selbständigkeit in bezug aufeinander entwickeln. Da nun alles Lebensgeschehen, wie jedes andere, notwendig ist, so ergeben sich eben auf Grund jener „Selbstdifferenzierung" der Teile bei Störung eines derselben die „notwendigen aber unlogischen" Monstra; hier finden wir Bernards Denken dem Lotzes nahe verwandt.

Es berührt sich mit dem Gesagten, wenn Bernard die Morphogenie, die Entstehung der individuellen Form mit dem Getriebe einer großen Fabrik vergleicht, in der auch die Arbeiter der Teile das Ganze nicht kennen. So gibt es also das „Ganze" in irgendeiner aktiven Form? möchte man fragen. Da werden uns nun wieder, etwas dunkel, die morphogenetischen Gesetze als „dormantes ou expectantes", nicht aber als tätig, bezeichnet. Doch soll bei Regenerationen allerart der Organismus als „ensemble ou unité" in Betracht kommen. Ausdrücklich wird die organische Form nicht als Folge der Natur des Protoplasmas hingestellt: „La forme et la matière sont indépendantes distinctes".

Es scheint uns, als bestätige die Analyse der besonderen Ausführungen Bernards die Einsicht, welche aus Zergliederung der allgemeineren gewonnen ward.

Die materialistisch-darwinistische Zeitströmung.

Vier Grundumstände haben den Charakter alles Denkens über Natur, und nicht nur über sie, in der zweiten Hälfte des neunzehnten Jahrhunderts bestimmt:

Zum ersten eine materialistische Metaphysik, wie sie als ganz allgemeiner Gegensatz gegen die idealistische Identitätsphilosophie erwachsen war.

Zum anderen der Darwinismus, jene Anweisung, wie man durch Steinwürfe Häuser typischen Stiles baut.

Drittens die Entdeckung des Satzes von der Erhaltung der Energie durch Robert Mayer; ein Satz, der trotz seiner Inhaltsarmut die Naturwissenschaften in wahre Verzückung versetzt hat.

Viertens und letztens und ganz besonders für Biologisches in Betracht kommend die Entdeckung und planmäßige Erforschung der feinen Strukturen der Lebewesen mit Hilfe der verbesserten optischen Werkzeuge.

Wir dürfen diese vier Punkte als selbständige Quellen des Einflusses betrachten, ob sie sich schon auch gegenseitig verstärkten; in Hinsicht der biologischen Grundprobleme, in Sonderheit des Vitalismus, kommen sie jedenfalls je für sich in Betracht:

Die materialistische Metaphysik eines Moleschott, Vogt, Büchner lehrte, daß alles Wirkliche Bewegung sei, daß es Qualitäten höherer Art nur als Schein gäbe.

Der Darwinismus behauptete zu zeigen, wie zweckmäßig Konstruiertes durch absolute Zufälligkeiten entstehen könne: wenigstens gilt das von dem gleichsam kodifizierten Darwinismus der siebziger und achtziger Jahre: Darwin selbst hatte, zumal anfangs, die Frage nach der Natur und dem Maße der „Variabilität" bekanntlich offen gelassen, womit sich seine Lehre zwar auf die Selbstverständlichkeit, daß Nichtexistenzfähiges nicht existieren könne („Natural selection"), reduzierte, aber doch nicht offenbar sinnlos war[1]. Das eine einzige Faktum schon, daß es Regulationsleistungen von der Art der Regeneration, etwa des Salamanderbeines, gibt, widerlegt bekanntlich den typischen Darwinismus, denn in seiner Anwendung auf diesen Fall wird das Schema desselben zu ganz offenbarem Unsinn! Das kann gar nicht oft genug betont werden!! Alle anderen Widerlegungen der Darwinschen Lehre erreichen die auf die Regenerationstatsache gegründete nicht an drastischer Schärfe[2].

Am Energiegesetz erkannte man nicht, daß es nur der Kausalsatz in quantitativer Fassung sei.

Die Entdeckung der feinen Strukturen aber spielte den Forschern einen ebensolchen Streich, wie ihnen früher das Fehlen ihrer Kenntnis gespielt hatte: War früher sehr vieles für die unmittelbare Wirkung einer letzten Lebensgesetzlichkeit erklärt worden, da man eben nicht wußte, daß noch sehr viele maschinenartige

---

1 Die neuere „Mutationstheorie" von de Vries, welche die Veränderungen, unter denen dann „Zuchtwahl" eventuell ausmerzt, sprungweise geschehen läßt, ist natürlich kein „Darwinismus". Anfänglich war Darwin diesen Gedanken näher als später.

2 Vgl. Philos. d. Orig. 2. Aufl. 1921. S. 260 ff.

Mannigfaltigkeiten da seien, die doch zunächst einmal für Erklärungsversuche hätten herangezogen werden müssen, so glaubte man jetzt, da man einiges auf Grund der erkannten feinen Strukturen etwa wirklich verstand, es müsse alles auf Grund derselben verständlich sein: damit aber waren bereitwillig einer dogmatischen Maschinentheorie die Tore geöffnet.

Die Wirkungen des geschilderten Gesamtzustandes des Naturdenkens auf die Biologie waren nun je nach deren verschiedenen Zweigen recht verschiedener Art: die Botanik ließ sich am wenigsten beeinflussen, sie hat ihre Kontinuität bewahrt und ist im großen und ganzen auch in dieser Depressionszeit immer Wissenschaft geblieben. Im Gebiete der Wissenschaft vom tierischen Leben kam die eigentliche Physiologie, die Lehre vom Getriebe der Funktionen, zwar auf einige Abwege und in einige Sackgassen hinein, doch ist sie nie eigentlich entartet: die gründlichere Schulung ihrer Vertreter, sowie auch wohl der Umstand, daß sie als ziemlich schwierige Disziplin nur begabte Elemente dauernd fesseln konnte, haben ihr dieses Schicksal erspart.

Die Morphologie der Tiere aber feierte einen richtigen Hexensabbath! Einmal begann hier eine phantastische Konstruktion sogenannter „Stammbäume" ohne paläontologischer Grundlagen.

Der Gedanke eines genetischen Zusammenhanges der verschiedenen spezifischen Lebensformen, der Gedanke einer „Deszendenz" also, war bekanntlich schon im achtzehnten Jahrhundert, ja schon im Altertum, aufgetaucht. Man hatte ihn aber immer nur in problematischer Allgemeinform vorgebracht, sich wohl bewußt, daß man hier Positives eben gar nicht sagen könne, und Einsichtige, die Philosophen zumal, hatten erkannt, daß historische Nachweisung überhaupt nie und nimmer eine Erklärung, daß sie etwas im Vergleich zu wahrer Wissenschaft stets prinzipiell Minderwertiges sei[1].

Nun aber hatte ja der Darwinismus die Deszendenz allgemein „erklärt"[2]; warum sollte man nicht die Einzelabstammung im Speziellen „erklären"! Und so machte man denn aus der alten vergleichenden Anatomie, die nicht mehr als eine klassifikatorische Vorarbeit zur Erkenntnis des Typischen, ja des „Vernünftigen" in den Naturformen hatte sein wollen, jenes Phantasiegebilde, das sich „Allgemeine Phylogenie" nennt.

Als einmaligen Wurf seitens einer enthusiastischen Persönlichkeit, wie Ernst Haeckel es war, mochte man das hinnehmen. Als schulenmäßiges Gerede und Gezänke auf gänzlich unsicherem Grunde war aber alle Phylogenie großen Stils wirklich ganz unerträglich[3].

Noch viel schlimmer aber waren die „Gesetze", die man bei dieser Gelegenheit „fand"! Was sich „allgemeine Zoologie" nannte, war hier der Haupttummelplatz einer „Gesetzes"fabrikation, die jeder wissenschaftlichen Begriffsbildung einfach ins Gesicht schlug. Von Wigand ist dieser Zustand in geradezu klassischer Weise, und

---

1 Man vergleiche Hegel: Kleine Logik, Ausgabe Bolland, Leiden 1899, p. 522, und Schopenhauer: Wille in der Natur, Ausgabe Frauenstädt, 5. Aufl., Leipzig 1891, S.44. Die beiden Gegner sind hier einig!

2 Natürlich dürfen Deszendenztheorie und Darwinismus nicht verwechselt werden; letzterer, den wir für durchaus erledigt halten, ist eine Spezialgestaltung ersterer, die uns in allgemeiner Hinsicht auf Grund paläontologischer und geographischer Tatsachen für wahrscheinlich, aber für ihrer Gesetzlichkeit nach durchaus undurchschaut gilt.

3 Die Berechtigung, für kleine in sich geschlossene Gruppen Stammbäume auf paläontologischer Grundlage hypothetisch aufzustellen, soll damit natürlich keineswegs geleugnet werden. Vgl. Phil. d. Org., S. 280 ff.

eines humoristischen Zuges nicht entbehrend, geschildert worden.

Doch dürfen wir uns hier nicht näher bei diesen Dingen, welche die Geschichte des Vitalismus nicht eigentlich angehen, aufhalten, und es mag nur durch eine einzige analytische Erörterung gezeigt werden, auf welchem Tiefstand der wissenschaftliche Takt angelangt war: Alle Formbildung war den darwinistischen Phylogenetikern zufällig, also mußte ihnen folgerichtig die Gesamtheit der Lebensformen als „Formen" von derselben Bedeutungslosigkeit erscheinen, wie sie etwa den Wolkenformen in ihrer jeweiligen zufälligen Sonderheit zukommt. Damit aber war der zoologischen Klassifikation jeder tiefere Sinn von vornherein abgesprochen. Sie hätte als erledigt, als Frage, die keine Frage sei, gelten müssen. Trotzdem „erforschte" man sie, wennschon nur mit phantastischen Mitteln! Warum denn eigentlich? Wie konnte man seine Kraft verschwenden an eine Aufgabe, von deren wissenschaftlicher Wertlosigkeit man von vornherein überzeugt sein mußte, wenn man „Darwinist"[1] reinen Wassers war? Die Lösung der Frage liegt darin, daß man sich eben einer einzigen aber recht wichtigen Sache nicht bewußt war, der Frage nämlich, was Wissenschaft eigentlich bedeute.

Auf der einen Seite war es die Physiologie der Formbildung, welche von His ausging und von Roux grundlegende Anregung erfuhr, auf der anderen die exakte Variations-, Bastard- und Mutationsforschung, welche dem geschilderten, durchaus unwürdigen Zustand der Zoologie ein Ende zu machen wenigstens begonnen hat.

---

1 Leider muß Darwin immer für seine Anhänger büßen; die Worte „Darwinismus", „Darwinist" sind einmal da. Darwin selbst, obwohl nicht immer kritisch, hat sich doch von den größten Fehltritten des „Darwinismus" ferngehalten.

Lenken wir jetzt den Blick wieder auf unser eigentliches Ziel, auf den Vitalismus im Lichte der Gesamtlage der Wissenschaft, so ist klar, daß die Stellung der Vertreter des wissenschaftlichen Zeitgeistes ihm gegenüber eine absolut abweisende sein mußte. Blieb im Rahmen der „Zufallstheorie" doch nicht einmal für eine im bloß statisch-teleologischen Sinne tiefere Bedeutung der Lebensform ein Platz.

An zwei Beispielen wollen wir kurz die Stellung jener Zeit zum Vitalismus kennzeichnen, an den Äußerungen zweier Männer, die zu den Besten ihrer Zeit gehörten und deren positiven Wissenschaftsleistungen, trotz ihrer Befangenheit im Zeitgeist, ein durch Generationen reichender Ruhm sicher ist. Wenn wir selbst die Äußerungen dieser Besten als geradezu erstaunlich leichtfertig und oberflächlich erkennen werden, wird man uns nicht verübeln, daß wir der Menge „Urteile" über die Frage nach der Selbständigkeit vitalen Geschehens mit Stillschweigen, übergehen.

Emil du Bois-Reymond widmete der „Widerlegung" des Vitalismus den größten Teil der Vorrede des ersten Bandes seiner „Untersuchungen über tierische Elektrizität". (Berlin 1848.)

Er steht durchaus im Banne mechanistischer Physik; ist doch auch diesem seinem Dogmatismus später jenes berühmte „Ignorabimus" entsprossen, die Aussage nämlich, daß man nie begreifen werde, „wie Materie denken könne", ein Problem, welches von wahrer Kritik des Wissens einfach durch die Wendung gelöst wird, daß „Materie" eben gar nicht „denkt".

Von seinem Standpunkt mechanischer Naturforschung ausgehend, eifert nun Du Bois zunächst in üblicher Weise gegen das Wort Lebens„kraft"; Kraft sei nie „Ursache", sondern nur Maß einer Bewegung. Derartiges kennen wir ja schon; es handelt sich um eine Wortfrage.

Unser Autor will nun der Reihe nach zeigen, daß weder ein besonderer Stoff noch eine besondere Kraft der letzten Stoffteilchen – auf welche allein nämlich das Wort Kraft in seiner messenden Bedeutung hier angewandt werden könne – der Lebensphänomene Grundlage sei:

„Ein Eisenteilchen ist und bleibt zuverlässig ein und dasselbe Ding, gleichviel ob es im Meteorstein den Weltkreis durchzieht, im Dampfwagenrade auf den Schienen dahinschmettert oder in der Blutzelle durch die Schläfe eines Dichters rinnt."

In diesem schön klingenden Satze wird also die Stoffsonderheit des Lebendigen abgelehnt; leider durch eine Annahme, von der es „zuverlässig ist und bleibt", daß sie derb metaphysisch und ohne eigentlich klaren Sinn ist.

Doch ist das wohl nicht so wichtig. Es soll also nun noch widerlegt werden, daß das Besondere der Lebensvorgänge etwa auf verschiedenen K r ä f t e n der Stoffteilchen in belebten und in anorganischen Dingen beruhe.

Hier gibt es nun aber auch keinen Unterschied, sagt unser Kritiker: „Es gibt keine Lebenskraft in ihrem (sc. der Vitalisten) Sinne, weil die ihr zugeschriebenen Wirkungen zu zerlegen sind in solche, welche von Zentralkräften der Stoffteilchen ausgehen. Es gibt keine solche Kraft, weil Kräfte nicht selbständig bestehen, nicht der Materie willkürlich zuerteilt, und dann wieder von ihr abgelöst werden können".

Zum ersten dieser Sätze kann man wohl nur bedauernd fragen, warum denn ihr Autor nicht jene „Zerlegung" in Zentralwirkungen ausgeführt habe. Ihm ist sie denn doch wohl nicht gelungen. Der zweite Satz aber macht erst dem Vitalismus eine Unterstellung und bekämpft dann diese; es hätte sich anstatt dessen doch wohl gehört so zu fragen: zwingen die Tatsachen, eine Eigengesetzlichkeit der Lebensphänomene anzunehmen oder nicht? Aber von dem Nachweis, daß sie nicht dazu zwingen, findet sich bei D u B o i s wahrlich keine Spur.

Daß Lebenskraft dem Gesetze der Erhaltung der Energie widerspreche, bildet den Beschluß der Behauptungen E. du Bois-Reymonds. Doch haben wir Gelegenheit, diesen angeblichen Einwand näher zu prüfen, wenn wir uns jetzt den Meinungen des zweiten der Forscher, welche hier überhaupt in Betracht kommen sollen, zuwenden.

Helmholtz soll uns das zweite Beispiel eines Gegners des Vitalismus aus der vergangenen Epoche materialistischer Naturforschung sein: kurz können wir uns hier fassen, weil er selbst sich kurz faßt. Gilt ihm doch der Vitalismus eigentlich kaum der Berücksichtigung wert.

Als ob der Vitalismus von „Freiheit" im Sinne einer Negation von Gesetzlichkeit geredet habe, so wendet der berühmte Forscher das Problem des Vitalismus an manchen Orten seiner Schriften allgemeinen Inhaltes[1]. War denn aber solches oder ähnliches von jedem Vitalisten behauptet worden, hatten nicht Blumenbach und Wolff zum Beispiel gerade das Gegenteil ausdrücklich gesagt?

Dem Gesetz von der Erhaltung der Energie soll der Vitalismus aufs deutlichste widersprechen: „Könnte die Lebenskraft die Schwere eines Gewichts zeitweilig aufheben, so würde dasselbe ohne Arbeit zu beliebiger Höhe geschafft werden können und später, wenn die Wirkung seiner Schwere wieder freigegeben wäre, beliebig große Arbeit zu leisten vermögen. So wäre Arbeit ohne Gegenleistung aus nichts zu schaffen. Könnte die Lebenskraft zeitweilig die chemische Anziehung des Kohlenstoffs zum Sauerstoff aufheben, so würde Kohlensäure ohne Arbeitsaufwand zu zerlegen sein und der frei gewordene Kohlenstoff wieder neue Arbeit leisten können". Es finde sich aber „keine Spur davon, daß die le-

---

1 Vgl. die „Vorträge und Reden". 3. Aufl. Braunschweig 1884.

benden Organismen irgendwelches Quantum Arbeit ohne entsprechenden Vergleich erzeugen könnten".

Wie schön das doch klingt; es scheinen nur zwei Kleinigkeiten übersehen zu sein: nämlich einmal, daß doch auch eine geriebene Siegellackstange die Schwere von Gegenständen, z. B. von Papierstückchen oder Markkügelchen „zeitweilig aufheben" kann; zum andern aber, daß doch nie eine Verletzung des Erhaltungssatzes der Energie vom Vitalismus behauptet ist, aus einem recht einfachen Grunde, weil man sich seiner notwendigen Geltung eben noch nicht bewußt war. Aber, so könnte Helmholtz sagen, man habe jenen Satz unwissentlich verletzt, und solche Verletzung gehöre eben zum Vitalismus als notwendige Eigenschaft. Sollte Helmholtz die vitalistische Literatur auch wohl nur oberflächlich gekannt haben? Wenigstens Johannes Müller hätte er eigentlich kennen sollen: Nun findet sich aber bei diesem Forscher gerade, wie wir sahen, ein Gedankengang, der geradezu als Vorahnung des Postulates einer „Energiequelle" des Lebens zu betrachten ist; und Müller war überzeugter Anhänger der Lehre von der Selbstgesetzlichkeit des Lebens! So hat es denn also wohl nicht allzuviel auf sich mit der „Widerlegung" des Vitalismus auf Grund des Energiegesetzes. Weitere Gründe aber weiß Helmholtz ebensowenig wie ein anderer[1] gegen ihn vorzubringen.

---

1 Es wäre hier noch Karl Ludwig zu nennen, der im ersten Bande seines „Lehrbuches der Physiologie des Menschen" (2. Aufl., Leipzig und Heidelberg 1858) mit Bezug auf Dubois allen Vitalismus abweist. Er ist aber weit weniger apodiktisch als der Genannte: „strenge Anforderungen" zwar will er an vitalistische Lehren stellen und vermißt sie bei den vorliegenden; wäre aber ihnen genügt, so würde er sich niemals gegen eine solche Hypothese sträuben, möchte der Erklärungsgrund auch noch so neu und unerhört sein".

Sagen wir es am Schlusse der ganzen vom älteren Vitalismus handelnden Hauptabteilung unseres Buches noch einmal, was wir am Eingang dieses von der materalistischen Reaktion handelnden Kapitals gesagt haben:

Nicht durch Kritiken oder „Widerlegungen" ist der Vitalismus als herrschende Meinung unterdrückt worden: die Kritiken trafen meist nur Auswüchse von Ihm, und die „Widerlegungen" berührten ihn gar nicht, sondern trafen angebliche Folgerungen, welche die „Widerleger" erst schufen: aus sich selbst ist der Vitallsmus gestorben.

Daß er aber aus sich selbst starb, und schon in noch scheinbarer Glanzzeit, da er nämlich Schulmeinung war, gleichsam im Sterben lag, das hat einen ganz besonders tiefen Grund:

Die Probleme der Physiologie der Formbildung hatten schon seit Beginn des neunzehnten Jahrhunderts aufgehört, das wissenschaftliche Interesse zu fesseln.

Die Formbildung aber ist des Vitalismus eigentlicher Boden, aus ihr allein saugt er recht eigentlich seine Kräfte, wenigstens soweit er nicht auch das sogenannte „Seelische" zu seinem Objekte machen will.

Der neue Vitalismus aber, zu dessen Betrachtung wir sogleich schreiten werden, ist, in Übereinstimmung mit dem soeben Gesagten, im Gefolge der neu erwachten Physiologie der Formbildung ganz wesentlich erstanden.

Ausblick auf Psychologisches.

Sollen wir endlich über die Lage der Psychologie in der Verfallzeit des Vitalismus noch etwas sagen, einer Wissenschaft, die ja, sobald sie die Handlungen der Menschen als objektiv gegebene Bewegungserscheinungen studiert und des so gefaßten Objektes Gesetze zu ergründen sucht, der Naturwissenschaft, und zwar der Biologie, im strengsten Sinne zugezählt werden darf, so ist charakteristisch und verständlich, daß die Hauptblütezeit der Lehre vom sogenannten psycho-physischen Parallelismus mit der Zeit der materialistischen Naturforschung, die zugleich die Zeit des Tiefstandes des Vitalismus ist, zusammenfällt.

Damit waren denn auch die Handlungen des Menschen dem allgemeinen Materialismus unterstellt: was Naturgeschehen an ihnen war, das war Maschinengeschehen; nicht wurde die „Seele", oder wie man es nennen mag, als Element der Naturkausalität selbst zugelassen[1].

Johannes Müller, ja auch Lotze, der Gegner des vegetativen Vitalismus, hatten hier, hatten über die Handlungen des Menschen noch anders gedacht.

Alles an die Psychologie Anknüpfende soll in diesem Buche seine Stelle gewissermaßen nur anhangsweise finden und soll uns nur beschäftigen, wenn es von seinen Vertretern selbst in allgemeiner biotheoretischer Form verwertet ward: anhangsweise werden wir denn also auch an späterer Stelle zu sagen haben, daß mit dem Neuerwachen des Vitalismus auch ein Neuerwachen der Lehre von „psycho-physischer Kausalität", um nicht ganz streng, aber verständlich zu sprechen, einher-

---

1 Hier ist der Ort des originellen Aufsatzes von E. Hering: „Über das Gedächtnis als eine allgemeine Funktion der organisierten Materie" (Wien 1876) Erwähnung zu tun. Hering steht trotz seines freien Blickes, der ihn im „Gedächtnis" und im Reproduktionsvermögen etwas einander Ähnlndes, jedenfalls etwas sehr Seltsames erblicken läßt, doch zu sehr im Banne der parallelistischen Theorie, als daß er zu sagen wagte: etwas Neues, etwas Nicht-Anorganisches gibt es hier. So werden denn alle psychologisierenden Ausdrücke nur bildlich verstanden; das eigentliche Naturgeschehen bleibt doch für Hering materialistisch.

ging. Das aber bedeutet den Sturz der Lehre vom „psy-cho-physischen Parallelismus".

III. Der neuere Vitalismus.

A. Die Tradition.

Nicht vollkommen erlöschen kann eine richtige Lehre. Sie kann eine Zeitlang übertönt werden von ihren Gegnern, aber Vereinzelte gibt es immer, die unbekümmert um allen Lärm des Tages ihren Weg weitergehen, mag ihnen passieren, was da will. Und wahrlich, schön ist es den Wenigen, welche in den Zeiten der materialistischen Hochflut die Tradition der älteren, das heißt der vitalistischen Biologie wahrten, nicht ergangen, am liebsten hätte man sie wohl mindestens in Irrenhäuser gesperrt, wenn nicht „Altersschwäche" sie gewissermaßen „entschuldigte".

So ist denn also auch der Vitalismus, aller Gegnerschaft zum Trotz, gewissermaßen weitergegeben worden. Und weitergegeben wurde auch – von der stets intakt gebliebenen Botanik abgesehen – wenigstens von wenigen die Methode einer auf das Gesetzliche, nicht nur auf „Stammbäume" gerichteten Formenkunde der Tiere.

Die darwinistische Schule studierte Bau und Entwicklung der Tiere, nur um Bau und Entstehung des einen mit denen des anderen zu „vergleichen" und aus solchen Vergleichungen Stammbäume zurechtzuschmieden; historisch war ihre Arbeitsart. Die ältere Morphologie aber hatte durch Anatomie und Entwicklungsgeschichte ermitteln wollen, was es an Gesetzlichkeit im Formengeschehen überhaupt gäbe, was das Formengeschehen eigentlich sei, und daneben wollte sie das „Typische" der Verschiedenheiten der Formen womöglich in ein aus höheren, vernunftgemäßen Gesichtspunkten verstandenes, nicht in ein nur historisch gedeutetes System bringen.

Es wird ein bleibender Ruhmestitel des Leipziger Anatomen Wilhelm His sein, daß er diese Methode wahrhaft rationeller Morphologie wenigstens im Prinzip

„weitergab", und auch Alexander Goettes Leistungen dürfen hier nicht vergessen werden. Hat doch gerade an diese Forscher die spätere „Entwicklungsmechanik" angeknüpft, welche berufen war, die Formenkunde der Lebewesen dem System wahrer Wissenschaften einzureihen.

His und Goette hatten erkannt, daß die wirklichen Formbildungsprozesse, die sich in der Entwicklung des Individuums zeigen, aktueller wirkender Ursachen ihrer jedesmaligen Realisation bedürfen; gerade diese Sachlage aber, an die naturgemäß jede wahrhaft naturwissenschaftliche Ermittlung von Formbildungsgesetzen anknüpft, hatten die Phylogenetiker übersehen: sie ließen die „Vererbung" Ursache eines Formbildungsprozesses sein, ein Gedanke, der in anderer, noch schlimmerer Form denselben logischen Mangel aufwies, wie jener Gedanke der älteren Naturphilosophie, die „Ideen" zureichende Gründe der organischen Formen sein zu lassen: es fehlte beide Male das Band, das Begriff und empirische Realität verknüpft.

Doch gehen wir über zu unserem Thema: Noch aus der naturphilosophischen Zeit ragt zunächst ein antidarwinistischer oder besser vordarwinistischer Deszendenztheoretiker in die neue Zeit hinein: Karl Snell[1]. Er ist, modern gesprochen, Polyphyletiker, d. h. er stellte die Gesamtheit der Lebensformen in ihrer zeitlichen Abfolge nicht in Form eines verästelten Stammbaums dar. Schon die Amoeben waren spezifisch und determiniert: die einen dazu, Amoeben zu bleiben, die anderen dazu, die verschiedenen Typen, ja, wohl gar die einzelnen Ordnungen innerhalb der Typen einst als Endziel zu erzeugen. Und in jedem Phylum gibt es wieder solche „Kollektivformen", die nur äußerlich, aber nicht ihren phyleti-

---

1 Die Schöpfung des Menschen, 1863; Vorles. üb. d. Abstammung d. Menschen, 2. Aufl., 1893

schen Potenzen nach einander gleich sind. Die treibende Kraft aber ist eine immanente, überpersönliche, nicht-mechanische Dynamik.

Das alles mag richtig sein; es ist unkontrollierbar. Aber es gab Forscher, die in engerer Fühlung mit den Tatsachen blieben. –

Unter den Forschern, die den eigentlichen Vitalismus, oder doch wenigstens eine teleologische Auffassung der Lebewesen weitergaben, war zunächst einmal der alte Baer. Zu wiederholten Malen hat er, in den sechziger und siebziger Jahren, seine Auffassung in Reden und Vorträgen dargelegt[1].

Viel Neues war eben nicht daran, wie ja denn auch Baers Rolle im älteren Vitalismus eine mehr abhängige gewesen ist. Aber es war doch gut, daß es wenigstens dieses gab.

Als Gegner des Darwinismus tritt Baer in allen teleologischen Ausführungen auf, und es mag denn hier ein für allemal die eigentlich selbstverständliche Tatsache bemerkt sein, daß alle Männer, welche die vitalistische Tradition in der materialistischen Epoche wahrten, zugleich Gegner des Darwinismus gewesen sind, ja, daß in der Gegnerschaft gegen die Zufallslehre jene Tradition sich eigentlich bei Kräften erhielt.

Baers Ausführungen sind jetzt, wie früher, mehr geistreich als klar, und man kann sich wohl nicht gerade sehr Bestimmtes denken, wenn man hört, daß er den Lebensprozeß nicht für ein Resultat des organischen Baues halte, „sondern für den Rhythmus, gleichsam die Melodie, nach welcher der organische Körper sich aufbaut und umbaut"; und auch die Bezeichnung der Lebensprozesse als „Schöpfungsgedanken, die sich ihre

---

1 C. E. v. Baer: Reden und Abhandlungen. Braunschweig. 2. Aufl. 1886.

Leiber selbst aufbauen", der Vergleich von Typus und Spezifität mit „Harmonie und Melodie" sind doch eben nur Bilder.

.Ausdrücklich und deutlicher werden die Triebe als „etwas Ursprüngliches, d. h. nicht aus der Körperbeschaffenheit Hervorgehendes, sondern über ihr Stehendes", als „Ergänzung des Lebensprozesses" angesehen; in origineller Wendung wird das „Gewissen" die „höchste Form des Instinkts" genannt.

In unklarer Weise wird dann freilich wieder der Streit über die Lebenskraft als „leer" bezeichnet. Nicht gerade zutreffend wird des Blumenbach Nisus formativus auf gleiche Stufe mit den in leerem Schematismus konstruierten „Vermögen" (facultates) eines Fabricius ab Acquapendente gestellt[1].

Daß Baer an wirklichen Vitalismus, nicht etwa nur an statische Teleologie denkt, wenn er auch den hier obwaltenden Unterschied nicht ganz klar sehen mag, zeigt z. B. der Satz, daß „der ganze Lebensprozeß überhaupt nicht das Resultat physikalisch-chemischer Vorgänge, sondern ein Beherrscher derselben" sei. Das Leben ist ihm ein „chemisch-physikalischer Prozeß mit eigener Entwicklungsnorm". Der Ausdruck im einzelnen wäre hier freilich auch zu beanstanden.

An Besonderheiten kann hier aus Baers Ansichtskomplex nur genannt sein, daß er die darwinistische Lehre vom sogenannten „biogenetischen Grundgesetz" dahin berichtigt, daß die Entwicklungsgeschichte nur den „Übergang aus allgemeineren Verhältnissen in speziellere, nicht aber den Übergang aus einzelnen spezielleren

---

1 Nach diesem Forscher, dem Lehrer Harveys, sind drei Prozesse, Zeugung, Entwicklung, Ernährung, zur Bildung des Hühnchens nötig; jeder Prozeß erlordert zwei Kräfte. Das ergibt sechs „facultates", nämlich die facultas immutatrix, formatrix, atractrix, retentrix, concentrix, expultrix.

in andere" nachweise. His hat sich ganz ebenso über
diesen wichtigen Punkt geäußert: nicht etwa durchläuft
der Mensch in seiner Embryonalzeit ein Fischstadium,
sondern Mensch und Fisch durchlaufen dieselbe allgemeinere, weniger spezifizierte Etappe.

Die Handlungen des Menschen, das objektive „Seelenleben", ist nach Baer nicht, wie die parallelistische
Lehre will, materialistisch zerlegbar, sondern etwas Elementargesetzliches: in ganz moderner Wendung weist
unser Forscher darauf hin, wie doch z. B. der Effekt ein
und derselben Nachricht auf verschiedene Menschen, je
nach deren Vorgeschichte, ein ganz anderer sei.

Soviel über die von Baer, allen Angriffen und Verunglimpfungen zum Trotz, festgehaltene vitalistische
Grundansicht, die bedeutsam ist durch ihre bloße
Existenz, ohne daß sie das eigentliche theoretische Einsichtskapital vermehrt hätte. –

Baer, ein seiner großen Verdienste auf embryologischem Gebiete wegen allgemein äußerst angesehener Forscher, konnte sich seinen Vitalismus, ohne geradezu beschimpft zu werden, immerhin erlauben; und es
wurde in derselben Weise gleichsam „durchgelassen",
wenn ein Mann wie der Begründer der zellularen Pathologie gelegentlich äußerte, daß er von der mechanistischen Auflösbarkeit aller Lebensvorgänge denn doch
nicht so ganz fest überzeugt sei: allerdings bewegen sich
Virchows Gedanken, ebenso wie später die Äußerungen seines Schülers Rindfleisch, nur in Bahnen von der
allerallgemeinsten Art.

Auch J. v. Hanstein[1] ließ man seine Verdienste auf
anderem Gebiete gleichsam als Entschuldigung für seine
Abtrünnigkeit vom Zeitgeiste gelten. Dieser Forscher
äußerte sich schon bestimmter, wennschon auch nur

---

1 Das Protoplasma als Träger der pflanzlichen und tierischen Lebenserscheinungen. Heidelberg 1880.

Altes wiederbringend; in Hinblick auf die Forment-
stehung aus dem Keim und auf zeitgenössische Theorien
zur mechanischen Erklärung derselben fragt er: „Wodurch werden denn nun beim beginnenden Aufbau alle
diese Dinge richtig verteilt", wenn anders „für jedwede
Gestaltung ein Anfangskern im Ei verpackt" sei. „Müssen
nicht der Schar der Mosaikstücke noch ordnende Werkmeister mitgegeben werden?" Mit Recht zieht er die
Vorgänge der Regulation des Ganzen nach Störungen
heran.

„Der aristotelische Ausspruch: das Ganze ist vor den
Teilen, ist noch heut richtig."

Eine „Eigengestaltungskraft", eine „Eigengestalt-
samkeit" und daneben für die Tiere „eine Bewegungs-
ursache ähnlicher Art" beherrsche die Organismen. Jene
Kraft „haftet am Dasein gewisser Stoffverbindungen, die
sie geordnet hat und beherrscht", sie „zerteilt sich mit
denselben, und wo zwei oder mehrere dergleichen Stoff-
gruppen miteinander verschmelzen, vereinigen sich auch
ihre Wirkungszentren zu einem einzigen".

Man sieht, wie sogar schon Einzelgedanken des älteren Vitalismus schüchtern wieder erscheinen.

Daß Hanstein der Zuchtwahllehre die schärfste Abweisung zuteil werden läßt, begreift sich von selbst. —

Jenem Manne, welcher, ohne gerade als positiver
Forscher hervorstechend zu sein, der eigentlich klas-
sische Kritiker des Darwinismus geworden ist, Albert
Wigand, hat man seine Kritik und sein damit verbun-
denes, wahrlich nur schüchternes, Eintreten für die Eigengesetzlichkeit des Lebens nicht so leicht verziehen.

Ich kann aus eigener Erfahrung berichten, daß es
noch Ende der achtziger Jahre unter Zoologen für gewissermaßen nicht ganz anständig galt, von Wigands
großer Kritik anders als in den abfälligsten Ausdrücken
zu reden.

Wigands kritische Arbeit kann uns hier nun ebensowenig wie die Darwinismuskritik überhaupt beschäf-

tigen; das Positive, das sich in seinem großen Werke[1] findet, geht uns hier an, und da ich denn vor allem wenigstens kurz an dieser Stelle hervorzuheben, daß seine Kritik wissenschaftlicher Begriffsbildung große Selbständigkeit aufweist und ihn durchaus über die Schulmeinung erhebt: ich möchte Wigand geradezu als ersten Vertreter jener wissenschaftlichen Begriffskritik bezeichnen, die später in Mach ihren systematischen Begründer gefunden hat. Vergessen wir bei dieser Gelegenheit nicht, daß im Grunde hier auch schon Schopenhauer, ja selbst Blumenbach in gewisser Hinsicht Vorläufer gewesen waren.

Aus seinem allgemeinen erkenntniskritischen Standpunkt erklärt sich nun Wigands Stellung zum vitalistischen Problem: Die Frage, „ob es eine Lebenskraft als eine eigentümliche, in der übrigen Natur nicht wirkende Kraft gibt, aus welcher sich die Lebenserscheinungen erklären lassen", sei teils zu bejahen, teils zu verneinen. Ersteres, wenn sie nichts anderes bedeuten solle, als die Worte Elektrizität und Schwerkraft bedeuten, letzteres, wenn ein „von der allgemeinen Naturgesetzlichkeit unabhängiges, nicht nach Ursache und Wirkung sich äußerndes, supranaturalistisches Prinzip" gemeint sei.

„Erklären" würde die Lebenskraft im zulässigen Sinne freilich auch nicht; doch unterscheidet sie das nicht von jenen anderen „Kräften", welche auch nur Worte für je eine „qualitas occulta" sind. Allerdings leiste sie wegen des mangelnden Quantitativen doch wohl noch etwas weniger.

Auf alle Fälle ist aber logisch eine „Lebenskraft" wenigstens provisorisch zuzulassen, solange alle bekannten

---

1 „Der Darwinismus und die Naturforschung Newtons und Cuviers." 3 Bände. Braunschweig 1874/77. Für uns besonders wichtig Band II, Kap. 3.

Wirkungsweisen zur Erklärung des Lebens noch versagen.

Man sieht hier, wie Wigand an die eigentliche Frage. des Beweises eines „Vitalismus" gar nicht herantritt[1].

Bestimmter äußert sich unser Autor über Teleologie im Organischen überhaupt und über das viele statisch, d. h. maschinell Teleologische, das sich ja tatsächlich im Bau des Organisierten, z. B. des Auges, findet: für seine Darwinismuskritik mußte solches die Hauptsache sein, da ja gerade das Zweckmäßige an kombinierten Organbildungen die Zufallstheorie ganz besonders absurd erscheinen läßt; hier konnte die Vitalismusfrage zurücktreten.

Zu irgendeinem Einfluß auf die Zeitströmung ist Wigand ebensowenig wie die übrigen hier genannten traditionellen Vitalisten gelangt. Vielleicht war ihre Stellungnahme zu zögernd dazu, vielleicht auch war der Boden in den siebziger Jahren noch gar zu wenig vorbereitet, war die Zeit „nicht reif". –

Letzteres möchte man wahrlich für möglich halten, wenn man sieht, wie um 1890 die Ansichten eines Forschers wirklich in gewisser Weise, ich sage nicht Einfluß übten, aber doch wenigstens die Aufmerksamkeit erregten, der eigentlich in viel unbestimmtere Stellungnahme zum Vitalismus trat als manche der Genannten: G. v. Bunge. Ja selbst die recht unklaren, mit theologischen Gesichtspunkten verquickten Worte Rindfleischs, die

---

1 Ich will dem Leser hier eine treffliche Stelle aus Zöllners „Natur der Kometen" (1872) nicht vorenthalten, die bei Wigand zitiert ist: „Die Abnahme einer neuen Eigenschaft der Materie wäre erst dann eine notwendige, wenn logisch nachgewiesen worden ist, daß in der Beschaffenheit der zu erklärenden Erscheinung begriffliche Elemente vorkommen, welche in den bisher der Materie beigelegten Eigenschaften nicht vorhanden sind und daher auch nicht daraus abgeleitet werden können."

einer näheren Darlegung an dieser Stelle nicht wert sind, erregten doch wenigstens die Aufmerksamkeit. So hatte sich doch wohl die „Zeit" geändert.

Bunge hat in seinem Aufsatz „Mechanismus und Vitalismus"[1], den er später, nicht zum Vorteil, in „Mechanismus und Idealismus" umtaufte und, in erkenntniskritisch unzulässiger Weise, immer mehr mit „psychischen" Fragen verquickte, nichts weniger als eine scharfe Stellungnahme für den Vitalismus bezweckt. Alles ist nur vorläufig, nur als ein „noch nicht"-Genügen der mechanistischen Auffassung gemeint. Sagt Bunge doch gerade angesichts der allerkompliziertesten der von ihm als noch unerklärt beigebrachten Tatsachen: „Ich gebe sogar unbedingt die Möglichkeit zu, daß diese Erscheinungen einst eine rein mechanische Erklärung finden werden".

Also ein durchaus problematischer Vitalismus, sogar mit Hinneigung zum Gegenteil!

Wahrlich, daß man Bunge ohne Bedenken als Vitalisten nehmen konnte, zeigt, wie außerordentlich fremd der Zeit der ganze Begriff des vitalistischen Problems geworden war; es zeigt aber anderseits, daß nun endlich die Zeit merkte, es könne etwas anderes als ihre materialistische Dogmatik wenigstens problematischerweise geben.

Hatte doch Bunge in nicht schärferer Weise für den Vitalismus Partei ergriffen, als etwa His, wenn dieser es „vorerst unerörtert bleiben" läßt, „ob von dem früheren Inhalt des Begriffs Lebenskraft einiges unter schärferer Fassung und unter zeitgemäßer Benennung wiederbelebbar" sei.

Doch Bunge führt uns bereits an die Grenze der allerjüngsten Geschichte unseres Gegenstandes. Wir ha-

---

1 Erster „Vortrag" seines „Lehrbuches der physiologischen und pathologischen Chemie".

ben ihn hier schon behandelt, weil er sich der Reihe der übrigen deutschen Traditionisten des Vitalismus durchaus an- und dieselbe in gewissem Sinne abschließt.

B. Die Stellung der Philosophie.

Wir müssen aber nun den Blick zeitlich ein wenig zurückwenden, um zunächst die Stellung der Philosophie der siebziger und achtziger Jahre zum vitalistischen Problem zu würdigen.

Eduard von Hartmann.

Wenn wir ankündigen, daß wir die Stellung der reinen Philosophie zum Vitalismus hier untersuchen, das heißt unserem Plane gemäß kurz streifen wollen, und wenn wir dann unseren ersten Abschnitt über diesen Gegenstand „Eduard von Hartmann" überschreiben, so könnte das den Anschein erwecken, als solle der genannte Denker uns der Typus der neueren Philosophie sein.

Hartmann ist nun sicherlich nichts weniger als ein typischer Vertreter der Durchschnittsphilosophie in der Zeit von 1860-1900, aber er ist der einzige, oder doch fast der einzige neuere Philosoph, der für das Problem des Vitalismus in Betracht kommt.

Nun kann uns der Anlage des Ganzen gemäß Hartmanns Metaphysik des „Unbewußten" hier als eigentliches „System" ebensowenig eingehend beschäftigen, wie uns das Vernunftsystem Hegels oder Schopenhauers Willensmetaphysik mehr als kurze Ausblicke gestatten durften. Es muß uns genügen zu sagen, daß Hartmanns ganze Philosophie eigentlich eine biologische, d. h. auf Biologie gegründete Philosophie ist, daß unser Autor aber die Biologie als Vitalismus in jeder Beziehung, also in Hinsicht der Formbildung, in Hinsicht der sogenannten Instinkte und in bezug auf das

Verhältnis des „Psychischen" zum „Physischen" bei den Handlungen des Menschen, auffaßt.

Den Geschichtschreiber der theoretischen Biologie können im einzelnen nur zwei Vorstellungsreihen des Hartmannschen Gedankenkreises näher interessieren:

Die eine derselben ist rein begrifflich und hängt mit der Gesamtmetaphysik der Welt, wie sie bei unserem Philosophen gestaltet ist, zusammen: da stehen sich nun bei ihm, kurz gesagt, Faktoren der Bewußtheit und Faktoren des Unbewußten gegenüber; in zweimal zweifacher Art aber kann es Kausalbeziehungen dieser beiden grundsätzlichen Arten von Faktoren untereinander geben: isotrope Kausalität nennt Hartmann Wirkungsbeziehung zwischen Faktoren gleicher Gruppe, allotrope Kausalität das Gegenstück dazu; da die höheren Lebewesen aus Faktoren beider Gruppen bestehen und „Individuen" darstellen, so ergeben sich ferner die Begriffe der intraindividuellen und interindividuellen Kausalität. Die sogenannte „psychophysische Kausalität", die bei Hartmann an Stelle des üblichen „psycho-physischen Parallelismus" tritt, ist nach dem Gesagten allotrope intraindividuelle Kausalität, d. h. Kausalität zwischen dem unbewußten Vitalfaktor und dem Bewußtsein desselben Individuums; zwischen zwei Individuen dagegen findet normalerweise[1] unmittelbar nur interindividuelle isotrope Kausalität, und zwar im „unbewußten" Gebiete statt. Man möchte hier freilich sagen, daß Hartmanns allotrope intraindividuelle Kausalität eigentlich keine „Kausalität", sondern doch ein psycho-physischer „Parallelismus", wennschon kein psycho-mechanischer Parallelismus, ist: „Kausal" im echten Sinne wirken nach ihm, in sogleich

---

1 Telepathische Wirkungen würden natürlich entweder interindividuelle isotrope Kausalität im Gebiet der Bewußtheitsfaktoren oder aber auch interindividuelle allotrope Kausalität bedeuten können.

darzustellender Weise, mechanische und vitale Naturfaktoren aufeinander, und den Veränderungen der (unbewußten) vitalen Naturfaktoren geht gelegentlich
(bewußtes) Seelenleben „parallel".

Wir untersuchen jetzt an zweiter Stelle, wie sich unser Philosoph den Eingriff der Lebensfaktoren in das
Getriebe der materiellen Faktoren denkt; da ihm, im
Sinne der Materientheorie, die Gesamtheit der materiellen Faktoren in letzter Linie das Getriebe eines wahrhaft
mechanischen Systems bedeutet, so handelt es sich bei
den Lebenserscheinungen also um Eingriffe in ein solches:

Was wir hier kurz materielle Faktoren nannten, nennt
Hartmann in Strenge materiierende Agenzien, d.
h. Agenzien, welche die Erscheinung des Materiellen
hervorrufen. Alle materiierenden Agenzien nun haben
ein Potential und sind zerlegbar in Zentralkräfte.
Die Lebensagenzien aber sind nicht „materiierend",
haben kein „Potential", sind nicht Kombinationen von
„Zentralkräften". Wie können sie wirken auf das Ge-
samtgebiet des Materiellen, ohne die sogenannten
Energiesätze, die Grundlagen alles Geschehens in ihm,
zu verletzen und dabei doch im Gegensatz zum
Anorganischen, das für die Auffassung Hartmanns
Mechanik Newtonischer Art ist?

Sie können das in zulässiger, aber auch zureichender
Weise, indem sie entweder die Richtung einer Kraft,
welche ja in den Energiesätzen nicht vorkommt, än-
dern, oder indem sie den Angriffspunkt einer Kraft
in ihrer Potentialfläche verschieben. Freilich ist
des Beharrungsvermögens wegen ein, wenn auch nur
sehr kleiner Energieaufwand auch zu Verschiebungen
einer Kraft in einer Niveaufläche nötig, denn die „Kraft"
haftet ja an Materie; die hierzu benötigte Energie kann
aber dem Energievorrat einer anderen Raumachse des
Gebildes entnommen werden. So kommt denn auf „Um-
lagerung" von Energie in den verschiedenen Raumach-

sen, auf Drehung der Elementarteile also die letzte Wirkung der Lebensfaktoren auf das Anorganische hinaus. Man sieht die Verwandschaft der Lehre Hartmanns mit der Leib-Seele-Theorie des Descartes.

Hartmanns Lehre ist deshalb von besonderer Bedeutung für die Geschichte des Vitalismus, weil in ihr wieder ein Versuch gemacht wird, eine besondere Folgerung der Lehre von der Lebensselbständigkeit zu ziehen, nämlich genau zu bestimmen, wie elementare Lebensfaktoren zu den Faktoren des Anorganischen in Beziehung treten[1]. So macht er also eine theoretische Konsequenz des Vitalismus naturwissenschacftlich inhaltreich. Den Vitalismus als System naturwissenschaftlicher Aussagen in Hinsicht des eigentlich Tatsächlichen der Eigengesetzlichkeit des Lebens berührt aber Hartmanns Lehre weniger: denn ein wirklich strenger Beweis der Unmöglichkeit mechanistischer Lebensauflösung ist von ihm nicht geführt worden.

Ist doch eben eine metaphysische Konzeption, nicht aber die Detailforschung, der Philosophie Hartmanns eigentliches Zentrum.

Andere Philosophen.

Wir haben gesagt, daß Hartmann nahezu der einzige Philosoph der letzten Dezennien sei, der für eine Geschichte des Vitalismus in Betracht komme: in der Tat können wir nur noch einen anderen Vertreter allgemeiner Philosophie in unserer Historie an dieser Stelle namentlich aufführen: Otto Liebmann.

---

1 Daß dieser Versuch nicht etwa, wie bisweilen angenommen wird, in gewissen Ausführungen von Maxwell und Helmholtz vorliegt, habe ich an anderem Orte gezeigt. Vgl. meine „Naturbegriffe und Natururteile", Leipzig 1904, S. 102ff. Er liegt aber implicite vor in gewissen Äußerungen Lord Kelvins und Boltzmanns.

Liebmann ist, von Hartmann abgesehen, in der Tat beinahe der einzige Philosoph in dem Zeitraum von 1860-1900 gewesen, der den Lebensproblemen kritische Erörterungen gewidmet hat, die nicht von vornherein in den Banden der mechanistisch-darwinistisch-parallelistischen Lehre dogmatisch befangen waren. Liebmann beweist zwar nicht den Vitalismus, aber er sieht ihn doch wenigstens als Möglichkeit, er sieht das prinzipielle Verdienst eines Alexander Goette, er hat wenigstens Zweifel, wo es im Sinne der Zeitlehre doch wahrhaftig keine Gewißheit gab.

Zu kurzer Wiedergabe eignen sich freilich die lediglich kritischen Darlegungen Liebmanns nicht, auch bieten sie nicht irgend etwas eigentlich Neues, und so mag denn hier nur noch als charakteristisch seine Vorliebe für den aristotelischen Ausdruck „Entelechie" genannt sein, einen Begriff, den ja auch Goethe, und übrigens gelegentlich auch Baer, gern verwendet hatten.

Alle übrigen Philosophen dieser Zeit — (was Deutschland angeht, zum größten Teil Neukantianer der älteren Form) — waren „apriori" von der Notwendigkeit einer mechanistischen Biologie so überzeugt, daß sie die Möglichkeit von etwas anderem überhaupt gar nicht erwogen.

Psychologen.

Das Problem des Vitalismus erweitert sich bekanntlich bedeutend, wenn die Frage nach den Beziehungen des „Seelenlebens" zur Natur in dasselbe einbezogen wird.

Doch war es bisher in diesem Buche unser Prinzip, auf eine Analyse der „Handlungen des Menschen" — um naturwissenschaftlich zu reden — nur dann geschichtsbetrachtend einzugehen, wenn psychologische Autoren selbst die eigentlich naturwissenschaftliche Seite ihres Gegenstandes erblickten, wie das bei J. Müller z.B. der Fall war.

Solches ist nun bei neueren Autoren selten oder nie der Fall gewesen: die enge Berührung des Leib-Seele-Problems mit dem eigentlichen Vitalismus hat in eigentlicher Schärfe kaum einer erblickt; ja, es ist seltsam, daß nicht einmal Physiologen wie Pflüger und Goltz den engen Zusammenhang, der hier obwaltet, gesehen haben.

Ich denke dabei nicht an Pflügers „teleologische Mechanik"[1], die rein formal-teleologisch war und eigentlich recht wenig in ihrem Satze, daß jedes Bedürfnis die Ursache seiner Befriedigung sei, besagte; ich denke an Pflügers Lehre von der „Rückenmarksseele", und bei Goltz denke ich an den Begriff der „Antwortsreaktion", der in seinen Untersuchungen über den „Sitz der Seele des Frosches"[2] begründet. ward. Pflüger meint bereits für die Rückenmarksfunktionen, Goltz für diejenigen der sogenannten niederen Hirnzentren gezeigt zu haben, daß ihre Komplikation und ihre freie Variierbarkeit größer sei, als daß sich eine Maschine als deren Basis ersinnen lasse. Aus diesem Grunde müsse hier von „Beseeltheit" geredet werden.

Was ist „Vitalismus", wenn es dies nicht ist? Es ist sehr seltsam, daß, ganz wie Lotze, weder Pflüger noch Goltz klar innegeworden sind, daß hier, für einen Teil der Lebensphänomene zum mindesten, eine Eigengesetzlichkeit proklamiert, daß zugleich die Lehre des psycho-physischen Parallelismus verworfen wird.

Leiten wir die Betrachtung von den Lehren der Physiologen Pflüger und Goltz auf die Lehren von Psychologen über, so ist es hier also, wie gesagt wurde, gerade die Frage des sogenannten psycho-physischen Parallelismus die eine Geschichte des Vitalismus angeht.

---

1 Bonn 1877.
2 Beiträge zur Lehre von den Funktionen der Nervenzentren des Frosches. Berlin 1869.

Da muß es nun genügen, an dieser Stelle zu sagen, daß die Lehre vom psycho-physischen Parallelismus in dem Zeitabschnitt, von dem wir hier reden, derart – abgesehen natürlich von Hartmann – die Losung des Tages gewesen ist, daß etwas anderes eigentlich gar nicht erörtert wurde.

Erst im Beginne des neuen Jahrhunderts wird das anders. In dem großen Werke Busses[1] mag man sich über die psycho-physischen Theorien des ausgehenden neunzehnten Jahrhunderts näher unterrichten.

Bergson war zwar im letzten Dezennium des Jahrhunderts schon aufgetreten; aber einen Einfluß besaß er noch nicht, ja nur wenige wußten von ihm.

Edmund Montgomery.

Wenigen wird der amerikanische Biologe und Philosoph bekannt sein, der, ursprünglich Arzt, viele Jahre hindurch ein ruhiges Leben in den südlichen Vereinigten Staaten dem Nachdenken über die Grundprobleme des Lebens gewidmet hat.

Man kann nicht sagen, daß Edmund Montgomery den Vitalismus eigentlich naturwissenschaftlich begründet hat; deshalb haben wir ihn auch den vitalistischen Philosophen der letzten Dezennien des neunzehnten Jahrhunderts angegliedert und können hier in unserer Naturwissenschaftsgeschichte überhaupt nur kurz auf ihn hinweisen. Montgomery hat aber andererseits das ganze Problem der Lebensselbständigkeit so eigenartig behandelt, in einer so besonders gearteten Mischung von Naturwissenschaft und Philosophie, daß wir glauben, seiner Individualität nur durch eine auch äußerlich individualisierende Behandlung gerecht werden zu kön-

---

1 Geist und Körper, Seele und Leib. Leipzig 1903.

nen[1].

Montgomery ist bewußter metaphysischer Realist geklärter Art. Eben seine Metaphysik soll ihm die Vereinigung der Lösung zweier Probleme ermöglichen: der Probleme der Ichheit und der individuellen Organisation.

Die sinnliche Erfahrung bleibt uns nicht ein „mere mosaic of elements", sondern sie wird durch Synthesis „integrated", wird eine „complex unity".   .   .

Der körperliche Organismus anderseits ist ein „indiscerptible whole", kein „divisible aggregate".

Die Lösung beider Probleme liegt gemeinsam in einem richtig formulierten Substanzbegriff, und zwar denkt sich im Gefolge seiner realistischen Metaphysik Montgomery seine Substanz als spezifische chemische Verbindung, also nach Art Reils; mit der Spezifität dieser Lebenssubstanz aber sind unserem Forscher besondere, neue Gesetze gegeben: die Verbindung als

---

1 Für den Vitalismus kommen von Montgomerys Schriften vornehmlich in Betracht: The Substantiality of Life, Mind 1881, p. 321; Zur Lehre von der Muskelkontraktion, Pflügers Archiv 25, 1891; To be alive, what is it?, Monist 1815. – Vorwiegend von erkenntniskritischer und psychologischer Bedeutung, und teilweise, z. B. über das „Ich", sehr beachtenswert sind die Artikel: The Dependence of Quality on specific Energies,. Mind 1880; The Object of Knowledge, Mind 1884; Mental Activity, Mind 1890; The Integration of Mind, Mind 1895; Are we conscious Automats? Texas Acad. Sc. 1896; und einige andere. – In seiner Schrift „The Vitality and Organization of Protoplasm" (Austin, Texas, 1904) hat Montgomery seine biologischen Ansichten zusammengefaßt. Tritt auch bisweilen eine Neigung zu weiterer Fassung des Substanzbegriffes hervor, so bleibt die lebende Substanz doch unserem Autor eine chemische, freilich mit dem Vermögen sich zu „reintegrieren". Keime sind in diesem Sinne „chemical fragments or radicals". Lebendes und Lebloses aber sind von der „same order of nature"; nicht ist eines mystischer als das andere.

solche, welche durchaus als „chemical unit", nicht etwa als „mere aggregate of separate molecules" gedacht wird, hat eine „controlling power" über die Organisation, wie sie auch die Synthesis des Mannigfaltigen im Ichbegriff vollzieht: sie ist die „identical, indivisible, perdurable and self-sustaining substance, of which the transient phenomena, arising in consciousness, are but inherent affections". Eine gewisse Verwandtschaft mit Hartmannschen Ansichten liegt hier vor, wie denn ein „Unbewußtes" als Grundlage auch der Bewußtheit häufig in Montgomerys Schriften wiederkehrt.

Was die eigentliche Begründung des Vitalismus angeht, so wendet sich Montgomery, auf Grund einer Analyse der Protoplasmabewegung, der Muskelkontraktion, der Teilbarkeit der Infusorien, der Regeneration überhaupt, ausdrücklich gegen jede Maschinentheorie als eigentliche Grundlage der organischen Phänomene. Die Lebenssubstanz ist es, die, nach Störungen, immer wieder ihre Integrität herstellt; und zwar ist dabei nicht an chemische Wirkungen üblicher Art gedacht: die Assimilation wird unserem Forscher gewissermaßen zum Grundphänomen alles Biologischen, aber sie erfolgt auf Grund einer „innerlich konstituierten Autonomie", „Hier sind offenbar genetisch organisierte Kräfte wirksam, mit denen man nur als spezifische Energien zu rechnen vermag."

Die seltsame Lehre vom „Lebensstoff" kann die Würdigung der historischen Bedeutung Montgomerys für den Vitalismus nicht hindern: in der Grundfrage ist er eben doch „Vitalist"; verwendet er doch geradezu das Wort „autonom". Was ihn aber als wirklich selbständigen, nicht nur als traditionellen Vitalisten erscheinen läßt, das ist vor allem seine höchst eigenartige Methode, welche, mag man sie billigen oder nicht, jedenfalls ebenso scharfsinnig ersonnen wie angewendet worden ist: die Methode, das organisatorische und das psychologische Integrationsproblem gemeinsam lösen zu wollen. Neben der Methode aber ist von Bedeutung, daß Montgomery gerade die beiden Probleme, von welchen, wenn auch vielleicht in etwas anderer Fassung, jeder Vitalist in der Tat ausgehen muß, in sehr eigenartiger Weise erkannt und formuliert hat; die Formulierung des aus der Analyse der Handlungen entspringenden Problems scheint uns besonders geglückt zu sein; das organisatorische Problem ist für einen „Beweis" doch wohl noch nicht tief genug zergliedert.

Ja, wenn Montgomery an Stelle seiner chemischen Einheitssubstanz den kategorialen Substanzbegriff ohne Beziehung auf Materie setzen würde, könnten wir wohl beinahe vollständig seine Ansichten übernehmen.

C. Antidarwinistische Dezendenztheoretiker.

Wenn wir über eine Deszendenz der Organismen mehr Tatsächliches wüßten, als leider der Fall ist, so hätten wir auch die Verpflichtung, die Ansichten, welche über Gesetze einer etwa vorhandenen phylogenetischen Entwicklung ausgesprochen sind, eingehend zu analysieren und uns zu fragen, ob sie maschinentheoretische oder vitalistische Gesetze seien.

Wo aber selbst die einfache Tatsache von Deszendenz nur hypothetisch, wennschon gut gesichert, feststeht, werden alle besonderen Deszendenzgesetze Gebilde von höchster Fraglichkeit.

Von de Vries in seiner Mutationstheorie, sowie ferner seitens der Bastard- und Variationsforscher, auch von einigen Entomologen ist bekanntlich jüngst versucht worden, in das Tatsächliche einer Abstammung des Spezifischen von anderem Spezifischen wenigstens in bescheidenem Maße mit exakten Mitteln einzudringen; von der Erkennung irgend etwas Gesetzlichen ist aber, soweit wirkliche „Deszendenz", also nur, soweit „Mutation" in Frage kommt, noch gar nicht zu reden; denn alle

bekannte Mutation beschränkt sich bis jetzt auf sogenannte „Kleine Arten".

So müssen denn die Urheber von nicht-darwi-
nistischen allgemeinen Deszendenztheorien, die unter
dem Titel eines „Entwicklungsgesetzes" , „Vervollkomm-
nungsgesetzes", "Gesetzes des organischen Wachsens"
usw. zum Teil vielleicht an irgendeine autonom-
vitalistische Umwandlungsgesetzlichkeit gedacht haben,
zum anderen Teil vielleicht teleologische Statiker gewesen sind, es sich gefallen lassen, hier nur mit Namen
genannt zu sein: ein Vorwurf soll damit gegen Männer
wie Kölliker, Wigand, Nägeli, Eimer u. a., denen
wohl der englische Philosoph Spencer beizuzählen ist,
nicht ausgesprochen sein[1]: ihre mehr oder weniger weitgehende Gegnerschaft gegen den echten Zufallsdarwi-
nismus war auf alle Fälle ein Verdienst. Unzweifelhaft vitalistisch sind unter den hier in Frage kommenden neueren Theorien, wie mir scheint, die Lehren von
Hamann[2] und Cope[3]. Der erste lehrt eine psychovita-
listische Polyphyletik, Cope ein immanentes Gesetz der

---

1 Mit undarwinistischen Deszendenztheorien finden sich häufig
Theorien der ontogenetischen Entwicklung verbunden, welche,
nach Art fiktiv-mechanischer Physik, durch Bilderkonstruktionen
erklären wollen; ja auch Darwinisten, z. B. außer Darwin selbst
Weismann, haben derartige Entwicklungsfiktionen ersonnen; im
übrigen mögen hier nur Spencer, Nägeli, Wiesner genannt sein.
Wir müssen uns jedes nähere Eingehen auf diese, kritisch bei dem
statischen Teleologen Wiesner (Erschaffung, Entstehung, Entwicklung, 1916) am meisten geklärten, Gedankengebilde versagen, da
das eigentliche Problem des Vitalismus bei ihrer Konstruktion, von
Wiesner abgesehen, meist nur sehr undeutlich, wenn überhaupt
gesehen ward. Meist sind sie nur „Photographien des Problems"
(vgl. meine Analyt. Theorie, 1894, S. 153). – Eine gute Kritik vieler
dieser Ansichten gibt Montgomery in seiner letzten Schrift.
2 Entwicklungslehre und Darwinismus 1892.
3 The primary factors of organic evolution. Chicago 1896.

Phylogenie und den Primat des Lebens gegenüber der unbelebten Welt.

Es darf hier wohl die allgemeine Bemerkung eingeschaltet werden, daß eine dem Darwinismus widersprechende Auffassung des Deszendenzproblems an und für sich sowohl als vitalistisch wie als maschinentheoretisch gedacht werden könnte: in beiden Fällen wird sie sich zwar von der Auffassung der organischen spezifischen Formen als zufälliger Produkte im Sinne der Darwinisten scheiden, aber es wäre doch zunächst, d. h. ohne eingehende Analyse des wirklichen Sachverhaltes, den wir eben gar nicht kennen, wenigstens denkbar, daß nicht aus elementarer Eigengesetzlichkeit, sondern aus der ewig vorgesehenen Konstellation anorganischer Weltfaktoren das Organisierte in seiner Spezifität entspränge.

Freilich wird, wer für die individuelle Formbildung die Maschinentheorie ablehnen muß, dieselbe schwerlich für die "Deszendenz" als auch nur hypothetisch berechtigt zulassen.

Unter den Darwinismusgegnern sind natürlich auch die Neulamarckianer. Es mag genügen, an dieser Stelle ihren ersten Vertreter Samuel Butler[1] zu nennen. Bei ihm steht schon das meiste von dem, was heute als „Neolamarckismus" zu gelten pflegt, nur weniger vermenschlicht als z. B. bei Pauly.

---

1 Unconscious Memory; Evolution old and new 1879 usw.

D. Die Stellung der Physiker.

Unter diesem, angesichts dessen, was geboten werden soll, etwas zu engen Titel, sollen in Kürze einige, meist recht wenig bekannt gewordene Äußerungen von Mathematikern, Physikern und Chemikern zum Vitalismusproblem mitgeteilt werden. Es ist besonders beachtenswert, daß alle Vertreter der anorganischen Wissenschaften, wofern sie sich überhaupt über das biologische Grundproblem geäußert haben, das sehr viel vorsichtiger als die meisten Biologen zu tun pflegten. Und den Anorganikern war die Leistungsfähigkeit ihrer Wissenschaft denn doch wohl etwas besser bekannt als den Biologen.

Der französische Mathematiker M. J. Boussinesq[1] hat im Jahre 1878 eine seltsame mathematisch-mechanische Theorie über mögliche körperliche Bewegungen aufgestellt, auf deren Boden nicht nur ein Vitalismus überhaupt, sondern sogar eine mit dem Begriffe der echten Freiheit, der Indeterminiertheit arbeitende Lehre möglich sein soll. Wo immer ein Massenpunkt im Verlaufe seiner Bewegung an einen Ort gelangt, der einem singulären Integral der seine Bewegungsbahn darstellenden Differentialgleichung entspricht, dort ist die Art der Fortsetzung seiner Bewegungsbahn mathematisch nicht bestimmt. An solchen Stellen soll nun das „principe directeur" nach beliebiger Ruhezeit auf beliebigem Wege die weitere Bewegung eines in Frage kommenden Massenpunktes bestimmen können. So komme im Rahmen der mathematischen Mechanik Vitalismus und Freiheitslehre zu vollem Ausdruck. Sachlich liegt hier eine Verwechslung mathemati-

---

1 Conciliation du véritable deéterminisme mécanique avec l'existence de la vie et de la liberté morale, Paris 1878; auch Mém. Soc. Science; Lille, VI, 4 Sér.; s. auch C. rend. 84, 1877. S.362. Siehe auch den Aufsatz von Saint-Venant, 1. c. S.419.

scher und physikalischer Bestimmtheit vor, wie ich ande-
renorts ausgeführt habe und wie auch schon E. du
Bois-Reymond[1] vor Jahren gesehen hat. Aber es ist
bedeutsam, zu sehen, wie hier ein Mathematiker und
theoretischer Physiker von der Richtigkeit der
Allmechanismuslehre so ganz und gar nicht überzeugt
ist.

Nach Tait[2] weist gar nichts im Rahmen des Anorganischen darauf hin, daß es zu einer Erklärung der
Lebensphänomene geeignet sei. Es sei „unscientific",
eine solche Erklärung auch nur zu versuchen. Lord Kelvin[3] schreibt, ähnlich wie später auch O. Lodge[4], dem
Leben eine „power of directing and moving particles" zu
und betont ausdrücklich, daß Vererbung nie und nimmer
durch zufälliges Zusammentreffen von Atomen verständlich sei. Boltzmann[5] sieht eine Einwirkung des Psychischen auf das Physische als möglich und, „wenn man
annimmt, daß diese Einwirkung normal gegen die Ni-
veauflächen erfolgt", sogar als mit dem Satz von der
Energieerhaltung verträglich an. Nach Hertz[6] würde die
Tätigkeit eines vitalen Agens das bekannte Grundprinzip
seiner Mechanik nicht zu verletzen brauchen, wenn man
nur annimmt, daß die Effekte dieses Agens durch die
Effekte eines anorganischen Systems ersetzt gedacht
werden können.

Diese Probleme von Äußerungen seitens hervorragender Physiker genügen uns; sie ließen sich leicht vermehren.

---

1 Vgl. Sitzungsber. Akad. Heidelberg 1919. Nr. 18, S. 31ff.; vgl. ferner
  Dubois' „Sieben Welträtsel", 2. Aufl., S. 96.
2 Contemp. Rev. 1878, 31. Januar, S. 298.
3 Pop. Lect. II, S. 464ff., und Fortnightly Rev. 1892, 51.
4 *Life and Matter* und Hibbert Journ. 10, 1912, S. 299f.
5 Zitiert nach Höflers Psychologie, 1897, S.58.
6 *Mechanik*.

Endlich sei noch der Äußerung eines Chemikers gedacht: Japp[1] hält den Begriff der Richtung und des Richtunggebens für etwas irreduzibles Vitales; er diskutiert die Fähigkeit gewisser niederer Organismen, von einem Paar korrespondierender asymmetrischer Verbindungen nur die eine zu konsumieren oder zu produzieren. Es sei dahingestellt, ob hier der Beweis einer Lebensautonomie geliefert ist. Auf jeden Fall denkt ein Chemiker hier biologischer als viele Biologen.

---

1 Rep. 68th Meeting Brit. Assoc. Bristol, 1898, S. 813

IV. Der „Neovitalismus".

A. Grundlegungen.

Man hat die neueste Wendung der Geschichte des Vitalismus als „Neovitalismus" bezeichnet; eine Namengebung, die insofern nicht gerade zutreffend ist, als zu keiner Zeit vitalistische Lehren etwa vollständig erstorben waren, was sich allerdings jene Namengeber, vor allen Emil du Bois-Reymond, wohl einbilden mochten.

In anderer Hinsicht, als von den Urhebern des Namens gemeint war, verdient nun aber allerdings die letzte Epoche vitalistischer Denkweise die Bezeichnung „neu", nämlich hinsichtlich der Methode ihres ganzen Vorgehens – wenigstens bei einigen ihrer Vertreter –, und so mag jene Bezeichnung denn auch von uns übernommen sein.

Jenes „Neue" der allgemeinen Methode knüpft allerdings in gewisser Hinsicht – den neueren Autoren selbst freilich unbewußt – an den Vitalismus im 18. Jahrhundert, nicht aber an die schulmäßigen Lehren des Anfangs des 19. Säkulums an: man geht wieder auf die Fundamente, nicht nur auf die Folgerungen aus einem angeblich ganz Sicheren; man sucht wieder zu beweisen, daß, aus diesen oder jenen Gründen, vitalistische Auffassung des Lebendigen, und nur sie, zu Recht bestehen müsse. Das alles aber erwuchs aus dem Kampf gegen die materialistische Welttheorie, zumal gegen den Darwinismus heraus: so ist an seinen Feinden der Vitalismus wieder groß geworden. Ja, die Besseren der Gegner geradezu um sein Wiedererwachen ein unmittelbares Verdienst: sie hatten Falsches beseitigt; nun konnte man um so klarer sehen, daß denn doch noch etwas Richtiges vorhanden sei.

Für die eigentliche Fundamentierung neovitalistischer Lehren ist, wie schon angedeutet, das Wiedererwachen der experimentellen morphologischen Forschung, der

„Entwicklungsmechanik" Wilhelm Roux', Vorbe-
dingung gewesen: alle neuen tatsächlichen Stützen der
Lehre von der Lebensautonomie sind in der Tat – allerdings neben einer Analyse der Handlung – auf dem genannten Gebiete der Forschung gewonnen. Freilich nicht
im Sinne des genannten Beginners jener Forschungsart,
dessen Überzeugung von der Berechtigung mechanistischer Naturauffassung sich vielmehr seltsamerweise im
Laufe der Jahre gefestigt zu haben scheint; im Anfang
seines experimentellen Arbeitens nämlich ließ er die
vitalistische Frage zum mindesten offen: „Wer nicht
blind das, was als höchstes Resultat unserer Untersuchungen erst gewonnen werden muß, in Form der allerdings sehr gebräuchlichen petitio principii als
selbstverständlich und keines Beweises bedürftig
von vornherein annimmt, der wird sich bei den kausalen
Untersuchungen der embryonalen Entwicklung immer unsere Eventualität" (nämlich die Frage nach besonderen „organischen Energien", die so verschieden
von allen bekannten Energiearten sind, „wie es die Elektrizität von den übrigen Energien ist") „vor Augen zu halten und sich zu fragen haben, ob die von ihm beo-
bachteten Vorgänge sich unter die Leistungen
bekannter Kraftformen subsumieren lassen,
oder ob sie zur Annahme besonderer „Wirkungsweisen", wie differenzierender Fernwir-
kungen u. dgl., und damit zur Annahme besonderer Energien nötigen"[1].

Später freilich ist Roux in das mechanistische Lager
übergegangen, wenn auch mit dem Zugeständnis, daß
von einer auch nur grundsätzlichen Auflösung der biolo-

---

1 W. Roux: Gesammelte Abhandl. II, S. 188f. Zuerst veröffentlicht in
Zeitschr. f. Biol. 21. 1885.

gischen Phänomene in Physik und Chemie in keinem Falle praktisch die Rede sei.[1]

Gehen wir jetzt zur historischen Betrachtung im einzelnen über, die sich natürlich in diesem Abschnitt mehr als in jedem anderen auf das eigentlich Typische zu beschränken hat, so könnte es zunächst scheinen, als hätten wir als des ersten „Neovitalisten" trotz allem noch einmal W i l h e l m R o u x ' zu gedenken: wiederholt hat nämlich dieser Autor betont, daß nicht-mechanische, nämlich „seelische" Faktoren, wenigstens an einem Punkte des Formbildungsgeschehens als geradezu eingreifend anzusehen seien: bei der sog. funktionellen Anpassung nämlich, z. B. bei dem Stärkerwerden der Muskeln durch den Gebrauch, sei eben das „Seelische", der „Wille", die „Erhaltungsintelligenz" ein wesentlich mitbestimmender Faktor.

Doch hat R o u x diese Ansicht nie eigentlich weiter analysiert und hat es nie ausgesprochen, daß solche Meinung, wörtlich genommen, denn doch durchaus den „Vitalismus", wenn auch nur im engen Felde, bedeute. So greifen wir denn wohl nicht fehl, wenn wir entweder jene Ansicht als von R o u x aus gewissen Lehrmeinungen übernommen, ihn selbst also vielleicht in d i e s e r Hinsicht als „Traditionsvitalisten" ansehen oder aber seine psychologisierenden Ausdrücke als abgekürzte Redensarten nehmen, die über die Frage „Parallelismus oder Wechselwirkung?" gar nichts entscheiden soll. „Was die erste Möglichkeit angeht, so erinnern wir uns hier an L o t z e , der ja auch trotz seiner Ablehnung des vegetativen Vitalismus der „Seele" alles mögliche zuschrieb, ohne sich ohne sich ganz klar zu sein, daß solches denn doch durchaus den Vitalismus bedeute.

---

1 Vgl. „Über die bei der Vererbung von Variationen anzunehmenden Vorgänge", 1913.

Unter dem Titel „Mechanismus und Teleologie" hat F. Ehrhardt im Jahre 1890 eine Studie veröffentlicht, welche zum ersten Male wieder in der Art, wie das zu Zeiten des älteren Vitalismus üblich war, ausdrücklich verfaßt ist zu dem Zwecke, die logische Möglichkeit einer vitalistischen Lebensauffassung und die sachliche Notwendigkeit ihrer Annahme eingehend zu begründen: Der Begriff Mechanismus, der schon in vielen Gebieten der Physik und im Chemischen versagt, ist nach Ehrhardt viel enger als derjenige der Kausalität. Teleologie aber ist nicht etwa ein Gegenstück zur Kausalität, sondern ist ihr untergeordnet. Zwar sind „Causae finales" unzulässig in dem Sinne, daß hier ein „Zweck" wirke; etwas Zukünftiges kann nicht wirken. Aber es wirkt gar nicht „der Zweck", sondern das „Im-Auge-Haben des Zweckes"; so tritt der Zweck in die Causa efficiens ein. „Metaphysisch" sind solche „Causae efficientes finales" ebensowenig wie alle anderen; sie inhärieren der organischen Materie.

Soweit das Methodische der Schrift, das, abgesehen von dem nicht immer ganz einwandfreien erkenntniskritischen Standpunkt des Verfassers, durchweg sehr zu billigen ist. Der sachlich begründende Teil ist schwächer, obwohl immerhin beachtenswert:

Wenn freilich nur aus der inneren Erfahrung begründet wird, daß ja „der Wille" „bewegen" könne, und wenn Ernährung und Fortpflanzung deshalb als Äußerungen wahrhaft vitalistischer Kausalität angesehen werden, weil ihnen eben Triebe zugrunde liegen, so kann solches nicht als wahre naturwissenschaftliche Beweisführung aus der Sache selbst angesehen werden.

Viel bedeutsamer erscheint ein Gedanke, den Ehrhardt in seiner Polemik gegen Lotzes statische Teleologie äußert: Eine statisch teleologische Auffassung der Organismen sei, abgesehen davon, daß sie Ernährung und Fortpflanzling nicht erkläre und überhaupt das Problem nur zurückschiebe, allein darum abzulehnen, weil das Konstante im Auftreten der Organismen, welche doch nicht nur gelegentlich einmal, sondern täglich in Millionen typischer Exemplare sich bilden, durch sie nicht gewährleistet erscheine. Ja, aus demselben Grunde müsse auch schon die mechanische Erklärung etwa der Elektrizität oder des Magnetismus abgelehnt werden: die Gebiete der Physik besitzen ja doch feste und konstante und nicht nur ungefähr geltende, schwankende Gesetze, was zu erwarten wäre, falls sie als Äußerungen von Kombinationen einfacherer Naturgesetze anzusehen seien.

Mag man keinen „Beweis" des Vitalismus in diesem Gedankengang erblicken: auf jeden Fall ist er durchaus selbständig und schon als solcher beachtenswert. Was Ehrhardt sonst noch zum positiven Vitalismus äußert, tritt dagegen zurück: er vertritt eine Art Lebensstofftheorie ; an bestimmte chemische Verbindungen sei die Erweckung spezifisch organischer, nicht mehr nur chemischer Kräfte geknüpft; möge also auch diese jedesmalige Erweckung in einer „Urzeugung" zufällig sein, ihre eigentliche Gesetzesexistenz ist nicht zufällig.

Gustav Wolffs im Jahre 1890 erschienene, mit Recht weithin bekanntgewordene vortreffliche Kritik des Darwinismus[1] ist, obwohl als Darwinismuskritik an und für sich, ihrer Originalität unbeschadet, ein Nachzügler, doch die erste ihrer Art, welche aus der ganz klaren Überzeugung entspringt, daß Sturz des Darwinismus gleichzeitig ein Wiederaufleben bedeutungsvoller Teleologie bedeute.

Im Jahre 1894 ließ Wolff seiner Kritik die Darstellung eines Experimentalresultates folgen[2], das ausdrücklich zur Entscheidung der Frage über Darwinismus und Tele-

---

1 Biol. Zentralbl. 10. Auch separat.
2 Biol. Zentralbl. 14 und Arch. f. Entwickl. Mech. 1.

ologie angestellt war: es galt zu sehen, ob der Organismus einen Teil regenerieren könne, der ihm nie im Laufe seiner Vorgeschichte genommen sein konnte, und zu prüfen, wie er das etwa anstelle. Eine „primäre Zweckmäßigkeit" würde sich durch den positiven Ausfall des Versuches dokumentieren, welche einerseits den Darwinismus ad absurdum führen, andererseits in „zweckmäßiger Anpassung" eine Teleologie bedeutsamster Art dokumentieren würde.

Der Versuch bestand in der Entnahme der Linse – nur der Linse – aus dem Auge des Wassermolches (Triton taeniatus). Und die Linse wurde regeneriert, und zwar vom vorderen Rand der Iris aus, also in einer der normalen Entwicklung nicht entsprechenden[1], aber sehr zweckentsprechenden Weise.

So war also „primäre Zweckmäßigkeit" erwiesen.

So hoch wir Wolffs scharfsinnige Arbeiten bewerten, die wahrlich zu den besten der neueren biologischen Literatur überhaupt gehören, so müssen wir doch darauf hinweisen, daß wohl die Frage der Bedeutsamkeit von Teleologie überhaupt, nicht aber die nach ihrer Art entschieden ist: es könnte sich auch um eine vorgesehene, einfach hinzunehmende, „gegebene" Maschinenteleologie handeln.

Wolff selbst ging in den zitierten Arbeiten auf den Unterschied zwischen statischer und dynamischer Teleologie nicht ein, unausgesprochenermaßen allerdings wohl letzterer, also dem Vitalismus zuneigend. Neuerdings[2] freilich hat er seinen Vitalismus ausdrücklich mehr provisorisch, im Sinne eines „noch nicht" Erklärbaren

---

1 In der normalen Entwicklung entsteht die Linse von der Körperhaut aus.

2 Mechanismus und Vitalismus. Leipzig 1902.

aufgefaßt. Ich glaube auch nicht, daß sein Versuch die Frage nach der Art des Teleologischen ohne weiteres entscheiden könnte.

Übrigens steht Wolff in seinen psychiatrischen Arbeiten[1] auf einem das „Seelenleben" naturgesetzlich-autonom, also vitalistisch auffassenden Boden.

Ich selbst kam im Jahre 1893 dazu, angeregt vornehmlich durch die methodologischen Schriften von Wigand und Paul du Bois-Reymond[2], das Teleologische in den Erscheinungen des Lebens als irreduzible Sonderheit deutlich zu sehen: begriffliche Analysen der physiologischen und formbildenden Phänomene führten mich zu solcher Einsicht. Doch war mir der Unterschied zwischen statischer und dynamischer Teleologie noch nicht aufgegangen, und was ich in der Schrift „Die Biologie als selbständige Grundwissenschaft"[3] bot, war ein mir unbewußtes Schwanken zwischen der Annahme eines Bildungstriebes und einer gegebenen Maschinenteleologie. 1894 vertrat ich in meiner „Analytischen Theorie der organischen Entwicklung" eine durchaus maschinelle Teleologie in Form verschiedener gegebener „Harmoniearten" , aber auch hier war ich mir noch nicht eigentlich klar, daß, was ich vertrat, die eine von zwei Möglichkeiten des Teleologischen sei. In dem Artikel „Die Maschinentheorie des Lebens", vom Jahre

---

1 Zum Beispiel Klin. u. krit. Beitr. z. Lehre v. den Sprachstörungen. Leipzig 1904.

2 „Über die Grundlagen der Erkenntnis in den exakten Wissenschaften". Tübingen 1890. Hier wird die Selbständigkeit jedes Gebietes der Physik und Chemie in bezug auf jedes andere behauptet (vgl. Schopenhauer!) und eine gleiche Selbständigkeit auch der Biologie für möglich erklärt.

3 Zweite, gänzlich neugeschriebene Auflage, 1911.

1896[1], war mir mein Vorgehen erst wirklich bewußt geworden: ich wiederholte das Wesentlichste, was ich in den beiden genannten Schriften eigentlich gesagt hatte – es war nämlich bisweilen, so z. B. von E. du Bois-Reymond[2], mißverstanden worden –, ich wies mit allem Nachdruck darauf hin, daß meine Aussagen kein Vitalismus, sondern Maschinenteleologie gewesen seien, daß sie mit Lotzes Auffassung der vegetativen Lebensfunktionen die größte Ähnlichkeit besäßen[3]. Als „Vitaltheorie" stellte ich das problematische, unausgesprochen freilich schon als richtig erkannte Gegenstück meiner „formalteleologischen Theorie", die mit „statisch Gegebenem" rechne, gegenüber. Die Begriffe der späteren „statischen" und „dynamischen" Teleologie finden sich also schon hier, wenn auch die Worte erst in meiner gleich zu erwähnenden Schrift „Die Lokalisation" geprägt wurden.

Mehrjähriges Experimentieren über das gestaltliche Regulationsvermögen der Organismen und ein fortdauerndes Durchdenken der Gesamtheit meiner seit 1891 ausgeführten entwicklungsphysiologischen Versuche, daneben eine Analyse alles physiologischen Regulationsgeschehens überhaupt, zumal aber der sog. „Handlung", führte mich dann zu einer vollkommenen Wendung meiner Ansichten und zur Legung des Grundes für ein künftiges vitalistisches System.

Die Notwendigkeit des Vitalismus war mir persönlich zwar bereits 1895 durch Analyse des Handlungsproblems aufgegangen: was ich zuerst publizierte,

---

1 Biol. Zentralblatt 16.

2 Über Neo-Vitalismus, Sitzungsber. Akad. Berlin 1894.

3 Auch auf Goette hätte ich mich beziehen können, dessen „Formgesetz", was bei dieser Gelegenheit erwähnt sein mag, wohl eine statische Teleologie bedeutet. Hierher gehört auch Rostan: Näheres bei Cl. Bernard II.

war trotzdem die vitalistische Theorie eines besonderen Problems der Formbildung, da mir dieses in seiner gedanklichen Durcharbeitung am weitesten gediehen war: die Publikation, von der ich hier rede, erfolgte Anfang 1899 unter dem Titel „Die Lokalisation morphogenetischer Vorgänge. Ein Beweis vitalistischen Geschehens"[1]. Nach meiner subjektiven Überzeugung ist in dieser Schrift zum ersten Male wirklich streng bewiesen worden, daß wenigstens gewisse Lebensvorgänge nur autonom, nur nach selbsteigener Gesetzlichkeit, also nur dynamisch-teleologisch verstanden werden können.

Hier war also durch den Beweis der Unmöglichkeit des konträren Gegenteils des Vitalismus die eigentliche Grundlegung eines künftigen vitalistischen Systems geschaffen worden. Es handelte sich um von mir sog. „harmonisch-äquipotentielle Systeme" und ihre Differenzierung, d. h. um den Sachverhalt, daß es im Dienste der Formbildung stehende Zellengesamtheiten gibt, welche nach beliebiger Entnahme oder Verlagerung von Teilen doch stets ein proportional richtiges ganzes Formergebnis liefern. Eben dieser Sachverhalt schließt die Möglichkeit des Daseins einer „Maschine" aus.

Unter dem Titel „Elemente der empirischen Teleologie" hat Paul Nikolaus Cossmann ebenfalls im Jahre 1899 eine Schrift veröffentlicht, welche die logische Klärung des Begriffes „Teleologie" recht eigentlich zur Aufgabe und insofern gewisse Berührungspunkte mit Kants „Kritik der Urteilskraft" hat. Nach der eigentlich naturwissenschaftlichen Seite hin ist diese Schrift nur „formal-teleologisch"; übrigens besitzt Cossmann die Unterscheidung einer statischen und einer dynamischen

---

1 Auch Archiv f. Entwicklungsmech. 8.

Teleologie ebensowenig wie Wolff und wie ich selbst in meinen ersten Schriften.

Kausalität ist unserem Analytiker zwar „allgültig", aber nicht „alleingültig", Teleologie tritt als Beurteilungsmaxime neben sie. Auch sie handelt von „notwendigen Zusammenhängen", der Begriff „Notwendigkeit" ist eben weiter als der Begriff „Kausalität". Für das Kausale gilt die allgemeine Formel W (Wirkung) = f (U) (Ursache), wo die Worte „Ursache" und „Wirkung" in sehr allgemeinem Sinne, als Inbegriff der Gesamtheit alles in Betracht Kommenden gefaßt sind. Teleologisch ist M = f (A, S), wo M „teleologisches Medium", A „Antecedens", S „Succedens" bedeutet.

Das Funktionszeichen f (...) soll in beiden Fällen nur logische Abhängigkeit, d. h. logische Inhaltsverwandtschaft bedeuten.

Entscheidet also auch Cossmann die Frage „Vitalismus oder Maschinentheorie" nicht, so entscheidet er jedenfalls in positivem Sinne das Problem einer in tiefem Sinne bedeutungsvollen, nicht etwa aus Zufällen „erklärbaren", vitalen Teleologie. Ein sehr großer Teil seines Buches ist gerade dieser Absicht gewidmet. –

Eugen Albrecht, dem in seinen „Vorfragen der Biologie" (ebenfalls 1899) das Physikalisch-Chemische und das „Physiologische" nur die Ergebnisse verschiedener „Betrachtungsweisen" oder „Einstellungen", angewandt auf dasselbe Gegebene, sind, äußert meines Erachtens nichts, das von den Ergebnissen der Untersuchungen Cossmanns sowie von denjenigen meiner „Analytischen Theorie" wesentlich verschieden wäre.

Endlich ist auch Johannes Reinke in demselben Jahre 1899 dem teleologischen Problem zuerst nähergetreten und hat seitdem eine große Reihe von Büchern und Artikeln[1] über dasselbe veröffentlicht. Jedoch kommt er mehr begriffstechnisch als sachlich begründend für die Frage des Vitalismus in Betracht.

Neben den Energien, so führt Reinke aus, kommen für das Spezifische an allem Geschehen noch „Kräfte zweiter Hand", um mit Lotze zu reden, in Frage. Reinke nannte sie anfangs insgesamt „Dominanten"; sie bedeuten meines Erachtens sowohl das, was man allgemein „Maschinenbedingungen" , wie das, was man „Konstanten" zu nennen pflegt.

Später nannte Reinke, von E. v. Hartmann beeinflußt, für die Tatsachen der Betriebsphysiologie seine fraglichen Größen „Systemkräfte" und ist von ihrer maschinellen Natur überzeugt, ist hier also statischer Teleologe; nur für die Tatsachen der Formphysiologie nannte er sie noch „Dominanten", ließ ihren Charakter aber derart in dubio, daß er auch auf diesem Gebiete höchstens problematischer Vitalist ist; ja, es gibt sogar Stellen, wo er auch hier der Maschinenauffassung zuzuneigen scheint.

Freilich lehnt er für das „Psycho-physische" die Theorie des Parallelismus ausdrücklich ab: da muß er denn wohl wenigstens in diesem Sonderfelde ganz rückhaltlos „Vitalist" genannt werden.

Das scharfe Herausschälen des Begriffes „Dominante" und die Konzentration der Fragestellung auf die Frage

---

1 Die Welt als Tat. Berlin 1899. – Gedanken über das Wesen der Organisation. Biol. Zentralbl. 19. 1899. – Einleitung in die theoretische Biologie. Berlin 1901; usw. – Für seine beste Darstellung hält Reinke selbst seinen Artikel „Die Dominantenlehre". Natur und Schule 2. 1903. Neueste Werke: „Die schaffende Natur" (1919), in welchem auf die von mir übergangenen vitalistischen Ansätze bei Alexander Braun und J. Henle hingewiesen wird, und „Kritik der Abstammungslehre" (1920) mit guter Darlegung der phylogenetischen Paradoxien und Probleme.

eben nach ihrer Natur ist Reinkes eigentlich wesentliche Leistung, wenn auch die Frage etwas zögernd beantwortet wird.

Wir erwähnen an letzter Stelle noch eine Gedankenreihe Fritz Nolls[1].

Unter dem Namen einer „Morphästhesie" spricht Noll den Organismen ein „Empfinden" ihrer Körperform und Körperlage zu und läßt eben dieses Empfinden formauslösend wirken. Bei der Algengruppe der Siphoneen sei das eigentliche Protoplasma mitsamt den Kernen in steter Bewegung, nur die Hautschicht sei etwas Ruhendes; von ihr also müsse wohl die zu festen Relationen führende Formbildung ausgehen. Die Hautschicht aber nun ist ohne spezifische Struktur: da wird ihr eben das Vermögen des Formempfindens erteilt. Gewisse Befunde über den Einfluß von Krümmungen auf die Entstehung von Seitenwurzeln, überhaupt alles, was mit der Eigenrichtung von Pflanzenteilen zusammenhängt, gilt Noll als Stütze seiner Ansicht. Noll selbst hält zwar diese seine Lehre nicht für vitalistisch, ich meine aber, daß bei weiterer Analyse sein Gedankengang wohl mit demjenigen meines eigenen „ersten Beweises" der Autonomie des Lebendigen Verwandtschaft zeigt: handelt es sich doch, wie alle experimentellen Erfahrungen zeigen, stets um „Empfindungen" von Relationen. Freilich würden wir das Wort „Empfindung" in diesem Zusammenhange vermeiden; überhaupt alles etwas anders formulieren; auch scheint uns das Problem der Eigenrichtung fertiger Teile mehr ein Problem der Bewegungs- als der Formphysiologie zu sein. Aber für die Grundlegung eines Vitalismus kommt Nolls Argumentation ganz sicherlich mit in Frage.

---

[1] Landwirtschaftl. Jahrbücher 1900. Biol. Zentralbl. 23.1903.

B. Vitalistische Systeme.

a) Henri Bergson.

Bergsons Werk ist eine groß angelegte Metaphysik auf phänomenologischer und biologischer Grundlage.

Seine phänomenologische Leistung, insbesondere seine Unterscheidung des Zeithaften als Erlebnis(*durée*) von der Zeit als Beziehungsrahmen der Natur *(temps),* diese, seine bedeutendste Leistung[1], geht dieses Buch nicht an. Seine tiefgegründete Ablehnung des psycho-physischen Parallelismus[2] werden wir an späterer Stelle, da, wo wir die neuere Psychologie kurz streifen werden, erwähnen. Sein drittes Werk *L'évolution créatrice* (1901) ist es, das allein als Ganzes biologisch im engeren Sinne bedeutsam ist, obschon auch dieses Werk mehr ist als nur Biologie.

Bergson bekämpft den Mechanismus und den „Finalismus" , also einen Vitalismus von der Art meines eigenen, weil beide auf den Satz sich gründen, daß das Ganze gegeben sei *(le tout est donné),* d. h. weil beide mit dem Begriff der eindeutigen Determiniertheit alles Geschehens arbeiten, mag diese Determiniertheit das eine Mal zwischen Teil und Teil, das andere Mal, beim Vitalen, zwischen Ganzem und Teil bestehen. Auch meine Entelechie hat ja festes Wesen und determiniert aus ihm heraus. Bergson ist aber von seiner Phänomenologie aus zur Annahme echter Freiheit *(liberté)* im Sinne völliger Unbestimmtheit, zunächst für den handelnden Menschen, geführt worden und überträgt diesen Begriff auf das Werden der organischen Natur als eines Ganzen, also auf die Phylogenie. Er redet biolo-

---

1 Essai sur les données immédiates de la conscience; deutsch „Zeit und Freiheit".

2 Matière et mémoire.

gisch eigentlich nur von ihr, obschon er manches aus der Literatur über experimentelle Embryologie kennt.

Nennen wir den tiefsten Grund des großen Lebensstromes, der sich in der Generationenfolge offenbart, *Gott,* so gilt ihm der Satz *Dieu se fait,* Gott macht sich, d. h. er hat gar kein festes „Wesen" (essentia), aus dem heraus etwas folgen könne, wie etwa aus der Substantia des Spinoza alles folgt, sondern, um es paradox auszudrücken, er „wird" sein Wesen. In nichts also ist ein künftiger Schritt der Phylogenese vorherbestimmt, weder in Innerem noch in Äußerem. Der *Élan vital* ist freies in Gestaltung und in Wissensform sich äußerndes reines Werden.

Die unbelebte Welt ist Abfall von der belebten: „Dieu se *defait";* alsdann gilt der zweite Hauptsatz der Thermodynamik.

In mehrere Sonderströme geteilt hat sich der große vom *Élan vital* beherrschte freie Lebenswerdestrom: die Formen im Bette des einen Sonderstromes sind durch *Torpeur,* die im Bette des zweiten durch Instinkt, die in dem des dritten durch Intelligenz gekennzeichnet. Praktisch handelt es sich um die niederen Tierkreise, die Arthropoden und die Wirbeltiere. Und schon vorher gabelte sich der Lebensstrom im Großen, als es zur Scheidung in Tiere und Pflanzen kam. Instinkt und Intelligenz stehen also koordiniert nebeneinander, nicht ist der erste gleichsam versteinerter Abfall der zweiten. Und dem Range nach ist sogar der Instinkt das höhere, denn Intuition, auf der er ruht, ist höher als diskursives Denken und ist ja in seltenen Augenblicken auch noch dem Menschen eigen, der sich freilich meist mit den Kantischen Kategorien bei seinem Wissenserwerb abplagen und begnügen muß, jenen Begriffen, die gar nicht für die Erkenntnis der absoluten Wirklichkeit, sondern nur zum Sichzurechtfinden in der Welt der groben empirischen Dinge taugen. *Homo faber,* nicht homo sapiens sollte der Mensch heißen; als Platoniker, d. h. als Be-

griffswesen sind wir geboren; das ist kein Vorteil, sondern ein Nachteil, denn mit unseren Kategorien verfäl-
schen wir fortwährend die echte, reine Wirklichkeit.

b) Mein eigenes System.

In dem Ausbau eines vollständigen vitalistischen Systems bestand m e i n e e i g e n e Arbeit in Sachen der Lehre von der Autonomie des Lebendigen während des ersten Dezenniums des neuen Jahrhunderts.

In der Schrift *„Die organischen Regulationen"* unter-
suchte ich im Jahre 1901 alle Gebiete der Physiologie
und Morphogenese der Pflanzen und Tiere auf in ihnen
etwa vorhandene autonome, mechanistisch unauflösba-
re Züge. Das Ergebnis war ein „zweiter Beweis" des Vitalismus, gegründet auf die Genese von mir so genannter
„komplexäquipotentieller" Systeme, welche zur Tatsache der Vererbung der Beziehung stehen, und eine Fülle
von „Indizien", also nicht geradezu Beweisen, für die
Lebensautonomie, vornehmlich der Lehre von den Anpassungen entnommen.

Im Jahre 1903 folgte die Schrift *„Die ‚Seele' als elementarer Naturfaktor"*[1]. Hier wurden alle tierischen
B e w e g u n g e n analytisch durchforscht. Die Analyse der
Instinkte lieferte ein Indizium, die der menschlichen
Handlung, r e i n als N a t u r p h ä n o m e n, also unter Absehen von der „psycho-physischen" Natur des Menschen, betrachtet, einen neuen, den „dritten" vitalistischen Beweis. Die Anführungszeichen, zwischen denen
das Wort *"Seele"* im Titel steht, sollen andeuten, daß
nicht sie selbst – (das wäre logisch unzulässig) –, sondern
daß ein „Naturkorrelat" ihrer, das „Psychoid" genannt
wurde, das autonome, bei Handlungen in Frage kom-
mende Naturagens ist. Als Nebenresultat ergab sich die

---

1 Vergriffen; wird nicht neu aufgelegt, da der wesentliche Inhalt in
die Philosophie des Organischen übernommen wurde.

Unmöglichkeit des üblichen psycho-physischen Parallelismus, der ja stets als psychomechanischer Parallelismus gefaßt war. Es besteht eben die lückenlos „mechanische" Seite der angeblichen Parallelität überhaupt
gar nicht in Wirklichkeit.

1904 folgte in der Schrift *Naturbegriffe und Natururteile* die Auseinandersetzung mit den Wissenschaften
vom unbelebten Geschehen. Wie kann denn ein Eingreifen eines nicht-materiellen Faktors, den ich schon
1899 *Entelechie* genannt hatte – (wie ich wohl wußte,
nicht ganz im Sinn des Aristoteles) –, in das Getriebe
der Materie gedacht werden? Eingehend wurde hier die
sog. Energetik Ostwalds analysiert und kritisiert. Das
war das Beste in der Schrift. In bezug auf die Hauptfrage
blieb alles noch sehr im vorläufigen. Das einzige bedeutsame Ergebnis war die Einsicht, daß die Entelechie es
offenbar mit dem zu tun habe, was energetisch als „In-
tensitätsdifferenzen" bezeichnet wird. Mit der mechanischen Physik, also mit einer sog. Materientheorie, setzte ich mich nicht auseinander, da ich in jenen Jahren un-
berechtigterweise glaubte, das Streben nach einer ein-
heitlichen Materientheorie, sei sie newtonisch, elektro-
dynamisch oder wie sonst gefaßt, ablehnen zu müssen.

Die erste Auflage dieses Buches erschien 1905; es
enthielt, als zweiten Hauptteil, zum ersten Male ein System des Vitalismus im Ganzen; natürlich nur so weit, wie
mir der Ausbau eines solchen bis dahin gelungen war. Da
fehlte denn doch noch recht Wesentliches.

Im Jahre 1906 berief mich die schottische Universität
Aberdeen zum „Gifford Lecturer" für die Jahre 1907/08.
Als Vortragsgegenstand wählte ich das Thema *The Science and Philosophy of the Organism.* Die Vorträge erschienen, erheblich erweitert, im Jahre 1908 in einem
zweibändigen gleichbetitelten Werke auf englisch im
Druck und wurden 1909 als *Philosophie des Organischen,*
mit unerheblichen Änderungen, deutsch herausgegeben.

Hier war nun ein vollständiges System des Vitalismus, das freilich (zum Glück) noch ausbaufähig war, aber doch seinen Grundzügen nach von mir noch heute anerkannt werden kann. Zuerst kommt in breiter Darstellung die Lehre von den Indizien und Beweisen. Es folgt die Lehre von der „Indirekten Rechtfertigung der Entelechie": Mit Energetik und Mechanik wird der Entelechiebegriff konfrontiert, und es wird eine Möglichkeit erdacht, wie das vitale Agens, ohne den Satz von der Erhaltung der Energie zu verletzen, lenkend in das Materiengetriebe eingreifen kann: Entelechie „suspendiert" als „möglich" materiell vorgebildetes Geschehen und hebt regulativ ihre Suspension auf. Die „Direkte Rechtfertigung der Entelechie" bringt die Logik des Vitalismus: eine neue „Kategorie" im Sinne Kants: *Individualität* wird eingeführt und mit dem Kausalitätsbegriff zum Begriff der vitalen Kausalität verschmolzen. Aber wirklich logisch legitimiert wird die neue Kategorie doch noch nicht, und das ist der Hauptmangel der ersten Auflage meines großen Werks. Sie wird nur gesetzt, weil sie in allen biologischen Aussagen eigentlich schon darinstecke, wird also, meinetwegen, „transzendental deduziert" in der Redeweise Kants, und es wird gesagt, daß psychologisch ihr Besitz garantiert sei. Auch den stark von Kant beeinflußten subjektivierenden Standpunkt der Kategorienfrage gegenüber teile ich heute nicht mehr.

Doch soll vom weiteren Ausbau meines Systems erst später geredet werden, und so sage ich denn hier nur noch, daß erstens den Überpersönlichkeitsproblemen, der Phylogenie und der Geschichte, kurze, naturgemäß im Hypothetischen bleibende Betrachtungen gewidmet wurden, und daß zweitens das Werk mit metaphysischen Ausblicken, sehr im Gegensatz zu meinen früheren, rein „immanenten" Werken, abschloß.

C. Gegner.

a) Philosophen.

Unter den Gegnern des neuesten Vitalismus stehen an erster Stelle die Philosophen der neukantianischen Richtung aller Schattierungen. Mit ihm gehen dagegen die Phänomenologen, zumal Scheler, und die meisten Psychologen der neuesten, vornehmlich an die . Namen Marbe und Külpe sich knüpfenden Schule.

Die Marburger Kantianer sehen den Allmechanismus der Natur als so selbstverständlich an, daß sie meist der vitalistischen Biologie gar nicht viele Worte widmen. In Cassirers „Substanz- und Funktionsbegriff" geschieht seiner z. B. gar keine Erwähnung; Weismanns Keimplasmatheorie wird von ihm an anderer Stelle noch lange nach ihrer Widerlegung als letztes Wort der Biologie ausgegeben. Cohen nannte, obwohl er eine Kategorie „Individualität" kennt, den Vitalismus einmal einen „Kulturfehler", sagt aber nicht, warum. Ob er ihn überhaupt intimer gekannt hat, ist mir sehr fraglich. Nicolai Hartmann hat den „Philosophischen Grundlagen der Biologie" ein besonderes kleines Werk gewidmet; er würdigt die „rein methodische Seite" meines Entelechiebegriffes, identifiziert ihn aber dann doch wieder, meinen Absichten entgegen, mit der „Totalität der Bedingungen im Sinne Kants", so daß Entelechie nur eine Vorläufigkeit, ein kurzer Ausdruck für etwas noch nicht Aufgelöstes wäre. Der Begriff der Teleologie wird von N. Hartmann gewürdigt; im allgemeinen darf man wohl sagen, daß dieser Denker im Jahre 1912, dem Jahre der Abfassung seines Buches, auf ganz dem nämlichen schwankenden Boden stand wie die „Kritik der Urteilskraft" des Meisters, so daß er also durch dieselbe Art von Kritik getroffen wird wie dieses Werk.

Von den „Südwestdeutschen" hat Kroner 1913 eine Schrift „Zweck und Gesetz in der Biologie" herausgegeben. Seine Kritik ist derjenigen N. Hartmanns ähnlich.

Scharf wird betont, daß die Entscheidung in Sachen des
Vitalismus nicht bei der Erfahrung, sondern bei der Logik
zu suchen sei, ein unseres Erachtens verfehlter Standpunkt, abgesehen übrigens davon, daß sich, wie wir
noch sehen werden, allerdings auch zeigen läßt, daß
vitale Kausalität einer der vier apriori „möglichen" Formen aller Naturkausalität entspricht; eine von mir 1912
veröffentlichte Darlegung, welche K r o n e r offenbar
nicht gekannt hat. Auch faßt er, meinen ausdrücklichen
Absichten und Aussagen entgegen, meinen Vitalismus
ganz psychologisch. Im großen und ganzen gilt auch hier
die an K a n t geübte Kritik. Auch das jetzige Haupt der
Südwestdeutschen, R i c k e r t , hat sich jüngst in seiner
„Philosophie des Lebens" (die freilich besser „Erlebnis-
philosophie" heißen sollte, denn eine solche will er eigentlich kritisch treffen), gelegentlich über den Vitalismus geäußert. Es heißt da einmal (S. 37): „Das Lebendige
muß auch so dargestellt werden, daß es in einen ver-
ständlichen Zusammenhang mit der ‚Materie' kommt,
die nicht organisch ist und insofern tot genannt werden
kann." Das wollen wir ja auch! Aber dann wird doch
gleich darauf die Forderung aufgestellt, die Biologie dürfe nicht antimechanisch gedacht werden, alles Organische müsse „unter physikalische oder chemische B e -
g r i f f e gebracht werden", und zwar obschon „selbstverständlich der Organismus kein Mechanismus i s t ". Ich
verstehe nicht den inneren Zusammenhang dieser Sätze.
Der konsequenteste, zugleich auch biologisch am
besten geschulte philosophische Gegner des Vitalismus
ist J u l i u s   S c h u l t z ; oder vielmehr, er ist gar kein eigentlicher „Gegner", er steht im großen und ganzen auf dem
V a i h i n g e r schen Standpunkt einer „Als-ob"-Philoso-
phie, sieht im Mechanismus und Vitalismus zwei berech-
tigte „Fiktionen" zur Verständlichmachung der eigentlich
g e g e b e n e n Naturphänomene und entscheidet sich
nun freilich zugunsten des Mechanismus.

IV. Der „Neovitalismus".

Schultz[1] ist Mechanist und Teleologe, ähnlich wie Leibniz. Die Welt ist ihm die eine den Geist ausdrückende Maschine; er vertritt, wenn ich in meiner eigenen Terminologie sprechen darf, einen „raumhaften Ordnungsmonismus", den man auch spinozistischen Monismus nennen könnte: es gibt am (unbekannten) Wirklichen nichts, daß sich nicht auch in mechanischer Zuständlichkeit oder mechanischem Geschehen erscheinungshaft Ausdruck gäbe. Alle Paradoxien des Ordnungsmonismus[2] nimmt J. Schultz mit in den Kauf, auch die, daß bei seiner Allmaschinentheorie z. B. in dem Falle, wo die beiden ersten Furchungszellen eines Keimes, nach Zertrennung, je ein Ganzes statt zusammen ein Ganzes liefern, offenbar eine Harmonie des Weltbaues mit Rücksicht auf gerade dieses Ei und gerade diesen Experimentator, der doch auch zur „Welt" gehört, angenommen werden muß.

Wer eine Weltenmaschine annimmt, steht eigentlich jenseits des Gegensatzes von Mechanismus und Vitalismus, denn die Welt als ein Ganzes fassen, in dem jene Einzelheit gerade ihren Platz hat, das ist kein „Mechanismus" im Newtonschen Sinne. Nicht ganz zu verstehen ist es daher, daß Schultz meinen Vitalismus als autonome Gesetzeslehre durch Ersinnung eines mechanischen Gesetzesschemas für Embryologie und Restitutionen bekämpfte[3]. Er fällt hier aus der Rolle, denn „Gesetze" für selbständige „Fälle" darf es für den Allmaschinentheoretiker eigentlich nicht geben. Daß nun sein, auf

---

1 Die Maschinentheorie des Lebens, 1909. Die Philos. d. Organischen im Jahrb. d. Phil. I, 1913. Die Fiktion vom Universum als Maschine und die Korrelation des Geschehens in Annal. d. Phil. 1920. Die Grundfiktionen der Biologie, 1920 u. a. m.

2 Vgl. meine Wirklichkeitslehre (1917), S. 250ff., 254. Phil. d. Organ. (2. Aufl. 1921) S. 595.

3 Maschinentheorie, S. 63ff., 143ff.

den Verwornschen Biogenbegriff gegründetes Geset-
zesschema die meinen „Beweisen" zugrunde liegenden
Tatsachen irgendwie erklärt, kann ich nicht zugeben:
Man kann sich eine Lokomotive aus lauter kleinen Lokomotiven erbaut denken. Hat man nun aber die kleinen
Lokomotiven alle als Summe nebeneinander, so wird
ohne ein auf die eine Übermaschine ausdrücklich gerich-
tetes ordnendes Prinzip oder eine auf ihre Gestaltung
eingestellte gegebene mechanische Tektonik nie die
eine endgültige Übermaschine, die große Lokomotive,
zustande kommen! Die „gegebene mechanische Tektonik" scheidet aber als Möglichkeit aus, wenn man der
ursprünglichen Summe von kleinen Lokomotiven beliebig viele Lokomotivchen nehmen kann, ohne dadurch zu
verhindern, daß eine große Lokomotive entsteht.

Folgerichtig vertritt Schultz auch den psychomecha-
nischen Parallelismus; er arbeitet hier aber mit einer
atomistischen Psychologie, welche die wirklich vorhandenen, in ihrer Art sehr mannigfaltigen, psychischen, ele-
mentaren Irreduzibilitäten gar nicht berücksichtigt. Und
die sollen doch in ihrer geordneten Abfolge erklärt werden.

b) Naturforscher.

α) Radikale Gegner.

Rein naturwissenschaftliche Gegner der vitalistischen Lehre, ja sogar auch einer als wesentlich angesehener Teleologe überhaupt, waren eine lange Reihe
von Jahren hindurch beinahe alle „offiziellen" Zoologen,
und ich könnte eine lange Reihe von Namen hier herset-
zen, wollte ich vollständig sein. Doch kann uns an gele-
gentlichen Glaubensbekenntnissen zur mechanistischen
Orthodoxie hier nichts liegen. Anders steht es natürlich
mit solchen Biologen, die in der Bekämpfung des Vitalismus ihre ganz ausdrückliche besondere Aufgabe gesehen haben. Ich greife unter diesen die drei bedeutendsten heraus:

Bütschli, Klebs und Zur Strassen, und ich wähle auch noch deshalb ganz besonders diese drei Männer, weil gerade sie, trotz allem Festhalten am Mechanismus, nicht eigentliche Dogmatiker gewesen sind. Mit den Worten: „An ihren Früchten sollt ihr sie erkennen" beschließt z. B. Bütschli seine Darstellung der mechanistischen und der vitalistischen Lehre, und bei Klebs und Zur Strassen gibt es ähnliche Stellen. Verworn und andere sind viel weniger scharf und klar und in viel höherem Grade dogmatisch. Jensens Erörterungen sind gar zu allgemein gehalten[1].

Die drei Genannten halten den Vitalismus für unnötig, weil er trotz der Aussagen seiner Vertreter, und insonderheit meiner, nicht bewiesen sei. Bütschli[2] meint, es gebe schon im Unbelebten „harmonisch-äquipotentielle Systeme"[3], ein sich zur Kugel rundender Tropfen sei z. B. ein solches. Er übersieht hier und sonst, wie ich eingehend zeigte[4], daß „typisch geordnete spezifische Ungleichheit der Elemente das Kennzeichen der Organismen ist". Zur Strassen[5] meint gewisse, ganz einfache Fälle von harmonischer Äquipotentialität (und von tierischen Bewegungen[6]) mechanisch auflösen zu können. Ich[7] habe ihm erwidert, daß algebraische Gleichungen bis zum vierten Grade auflösbar sind; aber bei höherem Grade in allgemeiner Weise nicht. Klebs[8] hat

---

1 Organische Zweckmäßigkeit, 1907. Hierzu meine Erörterung in Arch. Entw. Mech. XXV, 1908, S.418
2 Mechan. und Vital. 1901.
3 Siehe oben: S. 177
4 Biol. Zentralbl. 22, 1902, S.441.
5 Zoologica Nr.40, 1906.
6 Die neuere Tierpsych. 1908.
7 Arch. f. Entwicklungsmech. 25, S. 415, und Ergebn. d. Anat. u. Entwicklungsgesch. 17, 1909, S. 99.
8 Willkürl. Entwicklungsänderungen bei Pflanzen, 1903; ferner Biolog. Zentralblatt 24, 1904; 32, 1912; 37, 1917.

weniger polemisiert, als vielmehr in mechanistischem Geiste selbständig geforscht; er hat die große Modifizierbarkeit der pflanzlichen Gestaltungen in reichstem Maße nachgewiesen; sehr bedeutsam sind seine Begriffe der „äußeren Bedingungen", der „inneren Bedingungen" , der „spezifischen Struktur", obschon es bezüglich der letzteren ja gerade in Frage steht, ob sie als „Struktur" gedacht werden kann. Aber meine zum Vitalismus führenden besonderen Argumentationen hat Klebs an keiner Stelle getroffen[1].

Ich erwähne an dieser Stelle endlich noch die Angriffe Schaxels[2], der freilich immerhin dem Vitalismus als einem logisch in sich geschlossenen Gebilde volle Würdigung zuteil werden läßt[3]. Er glaubt gelegentlich, geradezu meine Beobachtungen widerlegen zu können; ich konnte aber zeigen[4], daß er in bezug auf das, worauf es ankommt, *harmonische Äquipotentialität,* überall dasselbe gefunden hat wie ich selbst. Neuerdings[5] hat er das Vorkommen jeder Art von echter Restitution bestritten; er hat aber selbst in vollstem Maße solche gefunden; daß etwa ein Fußregenerat von einem normalen Fuße ein klein wenig abweicht; tut hier doch nichts zur Sache. Es ist doch immerhin ein „Fuß! und nicht irgend etwas Beliebiges gebildet, und zwar eben „wieder" gebildet worden.

Die naturwissenschaftlichen Gegner des Vitalismus, welche wir bis jetzt betrachtet haben, sind nicht nur seine Gegner, sondern lehnen zugleich eine tiefere Bedeutung der Zweckmäßigkeit überhaupt ab. Sie sind darwinistische Zuchtwahltheoretiker.

---

1 Driesch, Biol. Zentr. 23, 1903, S. 736, und 39, 1919, S.452.
2 Die Leistungen der Zellen bei der Entwicklung der Metazoen, 1915.
3 Grundzüge d. Theorienbildung in d. Biol. 1919.
4 Biol. Zentr. 35, 1915, S. 545, und 36, 1916, S. 472.
5 Untersuchungen über die Formbildung I, 1921.

ß) Gegner mit Zugeständnissen, zum mindesten an eine Bedeutung des Teleologischen.

Wir gehen nun kurz auf einige Forscher ein, welche, schon allein der Terminologie ihrer Lehren wegen, auf den ersten Anblick den Eindruck erwecken, als seien sie des Vitalismus Freunde; freilich nur auf den ersten Anblick; denn bei tiefer, dringender Betrachtung zeigt sich, daß das Wort "Mneme" bei Semon (1904), das Wort "Centroépigénèse" bei Rignano (1906) nur kurze Ausdrücke für einen verwickelten, aber doch mechanischen Sachverhalt bedeuten sollen. Die genannten Denker, zugleich Vorkämpfer der Lehre von der sog. „Vererbung erworbener Eigenschaften" und (aber nicht-psychistische) „Lamarckianer", sind also durchaus nicht Vitalisten, sehen aber immerhin, freilich ohne das weiter auszuführen, im Leben etwas Weltwesentliches, etwas, das von Urbeginn statisch in der Materienkonstellation garantiert war.

Tiefer ihres philosophischen Standpunktes bewußt ist sich eine Gruppe britischer Biologen. Ich nenne an erster Stelle den ausgezeichneten Instinktforscher Lloyd Morgan[1] und D'Arcy W. Thompson[2], der, ebenso wie Bütschli, Rhumbler, Dreyer und andere, das große Verdienst hat, biologische Formprobleme auf scharfe mathematische Ausdrücke gebracht zu haben. Lloyd Morgan spricht für das Organische von „Specific modes of synthesis" „We must be prepared to regard the constitution of nature as the ground of new and unforeseeable synthesis". *Cause* und *Source* werden scharf geschieden, und gegen meine Entelechie „as ground" hat er nichts einzuwenden; freilich nur wenn mein Wort „the inherited constitution under another name" bezeichnen solle, was allerdings durchaus nicht

---

1 Theoretisches zumal in *Instinct and Experience*, 1912.
2 *Growth and Form*, 1917.

in meinem Sinne ist. **Thompson** ist dem eigentlichen Vitalismus wohl weniger abgeneigt[1]; aus forschungstechnischen Gründen, wie man sagen könnte, wählt er sich solche Untersuchungsgegenstände, „to which the ordinary laws of the physical forces more or less obviously and clearly and indubitably apply". **J. S. Haldane**[2] dürfte ebenfalls hier seinen richtigen Platz finden. Er nimmt meinen „zweiten Beweis" (S. 181) des Vitalismus an, hat sogar nichts gegen eine Verletzung des Satzes von der Energieerhaltung durch das Leben einzuwenden, neigt aber gelegentlich doch auch wieder einer Lehre zu, welche die Welt als die eine Allmaschine, etwa im Sinne des **Leibniz**, auffaßt.

Der Amerikaner **L. J. Henderson** lehrt die Theorie von der Allmaschine rückhaltlos und bewußt. Er hat 1913 unter dem Titel „The fitness of the environment" ein höchst geistvolles, mit dem Namen „Die Umwelt des Lebens" ins Deutsche übersetztes Werk verfaßt, dessen Inhalt man einen umgekehrten Darwinismus nennen könnte, und das für die Frage nach einer Teleologie der unbelebten Welt von hoher Bedeutung ist. Sein Buch *„The order of nature"* (1917) zeigt ihn durchaus als teleologischen **Statiker**, ja, er will sogar Aristoteles für einen solchen ausgeben.

Ich wage es endlich, auch J. **Loeb**, den so ideenreichen und fruchtbaren Experimentator, in **dieser Gruppe** von Denkern und nicht bei den radikalen Leugnern einer Sonderbedeutung des Lebens, sei es auch nur im statischen Sinne, unterzubringen. **Loebs** ältere Werke würden das freilich nicht rechtfertigen, aber sein 1916 erschienenes Buch „The organism as a whole" kann doch wohl dem Begriff statischer Sonderganzheit, als

---

1 loc. cit. S. 14.
2 Mechanism, Life and Personality, 1913.

einer für das Leben urkennzeichnenden Angelegenheit, zugeordnet werden[1].

Einige **Physiker** sind es nun noch, welche, und zwar an ebenfalls dieser Stelle, genannt werden müssen. Ich denke hier weniger an **Arrhenius**, der bekanntlich das Leben auf Grund der Konstellation der Materie ewig sein läßt, als an **Auerbach** und seine Lehre vom **Ektropismus**[2]: Das Leben sei, im Gegensatz zum anorganischen Geschehen, „ein Kampf gegen die Entwertung der Energie". Ganz neu ist dieser Gedanke nicht. Schon **Helmholtz** hat erwogen, ob eine Verwandlung ungeordneter Bewegung in andere Arbeitsformen „den feineren Strukturen der lebenden organischen Gewebe gegenüber auch unmöglich sei"[3]; und **Preyer** hat Ähnliches gedacht. Da alles nach **Auerbach** auf gegebener „Organisation" beruhen soll, wird von ihm natürlich der eigentliche Vitalismus nicht etwa angenommen; die einst von **Maxwell** fingierten „Dämonen" sind nicht im Spiel[4].

---

1 W. E. Ritter's Werk „The Unity of the Organism, or the Organismal Conception of Life", 2 Vols. 1919 f. ist mir leider nicht im Original bekannt geworden. Einer Besprechung von Jennings (Phil. Review 30,1921) entnehme ich, daß es sich um eine Lebensstofftheorie in der Art von Reil und K. C. Schneider handelt. Alles scheint sehr im Einzelnen ausgebaut zu sein.

2 Ektropismus oder die physikalische Theorie des Lebens, 1910.

3 Ostwalds Klassiker, Nr. 124, S. 130 (Anm.).

4 Man vergleiche in diesem Zusammenhang auch W. Stern, Zeitschr. f. Phil. und phil. Kritik 121/122, 1903.

D. Verschiedene Formen des Neovitalismus.

Wir verlassen die Gegner nicht nur unseres Systems sondern des Vitalismus in jeder Form. Wir wissen, daß sie nicht alle wegen ihrer Gegnerschaft gegen diesen auch Feinde einer Lehre von der grundsätzlichen Weltbedeutung des Lebendigen sind; sie fassen diese Bedeutung, wenn sie sie annehmen, aber statisch, d. h. strukturell fundiert auf.

Jetzt betrachten wir, was man die Erörterung der Lehrmeinungen der verschiedenen Schulen des Vitalismus im neuesten Gewande nennen könnte. Ich wähle absichtlich die Worte „Formen" (in der Überschrift) und „Schulen" und nicht das Wort „Anhänger". Denn dieses Wort könnte den Leser veranlassen, zu glauben, daß es sich um Freunde gerade meines, durchaus gegenständlich, unpsychologisch geformten Vitalismus handeln solle; und das ist durchaus nicht überall der Fall.

Gelegentlich freundlich gegenüber dem Vitalismus geäußert, ohne jedoch ein endgültiges Wort zu sprechen, hat sich neuerdings eine ganze Reihe von Biologen und Philosophen; ich nenne nur Dreyer, Fischel, Gemelli, Grégoire, C. Herbst, Mackenzie, T. H. Morgan, Moszkowski, Schmitz-Dumont, W. Stern, A. v. Tschermak. Nicht immer ist ganz klar, ob an Teleologie überhaupt oder an Vitalismus gedacht ist. Herbst nannte die „Entelechie" ausdrücklich einen Grenzbegriff, der dem Naturforscher unzugänglich sei, um den er sich aber in seiner positiven Experimentalarbeit nicht zu kümmern brauche.

O. Hertwig ist wohl „nur Teleologe", aber nicht Vitalist und gehört daher nicht hierher; den schon auf S. 192 erwähnten d' Arcy W. Thompson könnte ich jedoch auch hier, unter den Freunden des Vitalismus, nennen. Sein Landsmann J. A. Thomson[1] verdient, abgesehen von seiner wohlwollenden Haltung dem Vitalismus gegenüber, deshalb besondere Erwähnung, Well er, der eigentlichen Frage durch die Formel „Are there two sciences of nature?" einen besonders klaren und scharfen Ausdruck gegeben hat. Bei E. S. Russell[2] wird nicht ganz klar, ob er bei seiner Gegnerschaft gegen die Versuche, die Biologie in Physik und Chemie aufzulösen, an statische Teleologie oder an echten Vitalismus denkt. Dasselbe gilt, von den Ausführungen Neumeisters[3].

Treten wir jetzt an die kurze Erörterung der einzelnen Formen des neuesten Vitalismus, von meiner eigenen und derjenigen Bergsons abgesehen, heran, so nennen wir an erster Stelle die Vitalenergetiker. Die Eigengesetzlichkeit des Lebendigen soll auf einer besonderen „Energieart" und ihren Eigentümlichkeiten beruhen. Wilhelm Ostwald hat in diesem Sinne von einer geistigen Energie, die er im Neryensystem wirksam sein läßt, geredet; der russische Psychiater Bechterew denkt ähnlich; manchen anderen ist der Gedanke auch offenbar recht sympathisch und annehmbar. Da einerseits die Lehre von den „Energiearten" als von nicht weiter auflösbaren Naturgrößen im Verschwinden begriffen ist, andererseits aber das Zusammenbringen des vitalen Problems mit dem rein quantitativen Energiebegriff die eigentliche Natur des vitalen Problems durchaus verkennt – (wie in meiner „Philosophie des Organischen" eingehend dargelegt worden ist) –, so können wir die Vitalenergetiker schon wieder verlassen.

---

1 Hibbert Journal X, 1911/12; s. auch desselben Autors „The System of animate nature", 2 Vols, 1920.
2 Scientia Vol. IX, 1911.
3 Betrachtungen über das Wesen der Lebenserscheinungen 1903.

Als Lebensstofftheoretiker bezeichnen wir in erster Linie Karl Camillo Schneider, der zuerst im Jahre 1903 in seinem Buche *Vitalimus, Elementare Lebensfunktionen* und in der Folge noch an vielen anderen Orten[1] seine Auffassung vom Lebendigen vorgetragen hat. Es soll eine besondere „lebende Substanz" ,von bestimmter „Zusammensetzung" geben, mit deren Auftreten „im Anorganischen nicht vorhandene" Wirkungsweisen in Erscheinung treten sollen. Die lebendige Substanz wird von außen erregt und wirkt dann in jedesmal bestimmter Weise auf die unbelebte Materie, ohne sich selbst da bei zu verändern. Das Leben ist also „ein Prozeß besonderer Art, von dem der Stoffwechsel uns nur gewissermaßen die Außenseite zeigt". Das „Neue", das „Besondere", was sich an der lebenden Substanz zeigt, denkt Schneider ganz ähnlich wie Ostwald als besondere Energieart. Recht unbestimmt ist die Ausführung im einzelnen; einen eigentlichen Beweis der Unmöglichkeit des Mechanismus gibt Schneider nicht. Er will meinen Entelechiebegriff in „Kausales auflösen", ohne damit die Lebenseigengesetzlichkeit zu beeinträchtigen. Aus den Lagebeziehungen der Zellen zueinander sollen sich Reize ergeben, welche auf das Zentrosoma, das eigentlich Empfindliche und Reaktionsbestimmende wirken. Das Wort „Zellpsyche" kommt gelegentlich vor.

Schneiders Theorie hat gewisse Berührungspunkte mit der oben auf S. 94 erörterten älteren Lebensstofftheorie Reils; sie darf natürlich nicht mit den rein chemischen Lebensstoffkategorien von Pflüger, Verworn, Loew, Kattowitz und anderen verwechselt

---

1 Versuch einer Begründung der Deszendenztheorie, 1908; Ursprung und Wesen des Menschen, 1908; Vorles. über Tierpsychol., 1909; Grundgesetze der Deszendenztheorie, 1910; Tierpsych. Praktikum, 1912 und viele kleine Aufsätze.

werden. Übrigens hat Schneider in einem kleinen „Vitalismus" betitelten Aufsatze[1] vom Jahre 1907 seine Lehre unseres Erachtens viel besser und klarer als in seinen Büchern geformt; er unterscheidet da „Entelechie", als nicht ohne weiteres „zweckmäßig" zu nennendes Bild der Individualität, von der „Zweckkraft" oder „Finalität", welche die Formgebilde einander anpasse, und zu der auch die geistigen Vorgänge gehören sollen.

Die Schule, und zwar eine wirkliche „Schule", der Psychovitalisten, wurde von Pauly durch sein Werk *Darwinismus und Lamarckismus* im Jahre 1905 eröffnet. Pauly experimentiert nicht, untersucht auch nicht analytisch vorliegende Experimentalergebnisse, sondern arbeitet phylogenetisch an der Hand des vorliegenden anatomischen Materials, d. h. er fragt: wie und wie nur können diese Bildungen entstanden sein? Die Antwort aber lautet ihm: Deshalb, weil der Organismus mit Rücksicht auf sein Anpassungsvermögen, auf dessen Äußerung alle phylogenetische Ausgestaltung beruhen soll, über seelisches Vermögen und Kräfte, insonderheit über Urteilsvermögen verfügt. Wir sehen hier den „Neolamarckismus" in seiner psychistischen Form. Was der Organismus gestaltlich als angebracht erkennt, das führt er aus; andere Gestaltungsgesetze gibt es nicht. Durch Ablehnung eigener, nicht auf Vererbung von zufällig Erworbenem beruhender Formgesetze unterscheiden sich alle, die sich Neolamarckianer nennen, sehr von dem echten Lamarck; (siehe unten S. 88). Eigentlich bewiesen wird hier gar nichts; der embryologischen Experimentaluntersuchungen wird nicht gedacht. Unmöglich aber ist die ganze Lehre deshalb, weil G. Wolffs Begriff der „primären Zweckmäßigkeit", von dem auf S. 174 geredet wurde, hier übersehen

---

1 Zeitschr. f. d. Ausbau d. Entwicklungslehre I.

ist. Formleistungen, auch anormale, restitutive, geschehen wie Instinktsäußerungen das erstemal, wo sie geschehen, in spezifischer Vollendung, mag auch ihr Wiederholtwerden in manchen Fällen ihren späteren Verlauf rein zeitlich beschleunigen. Von einer Analogie zu Seelischem mag man hier reden; ich habe es selbst getan. Aber „unser" Seelisches, wie Pauly meint, d. h. ein Seelisches, das auf Grund von Gedächtnis Erfahrung erwirbt und sie dann beurteilend verwertet, liegt ganz sicherlich nicht vor. „Primäres Wissen und Wollen" meinetwegen, wenn man analogienhaft reden will, aber kein „sekundäres (erfahrungshaftes) Wissen und Wollen"[1]. Die ersten Nachfolger Paulys waren R. H. Francé[2] und A. Wagner[3]; beide arbeiten aber exakter und verwenden experimentelles Material aus der Embryologie und Restitutionslehre.

Auch S. Becher[4] ist auf diesem Boden Psycho-vitalist. Er vertritt einen mnemischen Vitalismus, arbeitet mit den Begriffen „Gestaltreiz" und „ererbtes Form-residuum" und führt, in anderem Sinne als einst Noll, den Begriff der „heterogenen Induktion" ein zur Be-zeichnung des (hypothetischen) Verhältnisses, daß eine Formbildung im Laufe der Generationen von einem bestimmten Zeitpunkte an auf einen anderen Anstoß hin ins Dasein trete als ursprünglich. Dieses Verhältnis, von E. Schultz schon 1910 als „Reizersatz" bezeichnet, könne nach assoziativer Analogie gedacht werden.

S. Bechers Bruder, der Philosoph E. Becher, hat in seinem Buche über die „fremddienliche Zweck-mäßigkeit der Pflanzenzellen", nachdem er schon

---

1 Philos. d. Org., 2. Aufl., 1921, S.402. Ganz ebenso schon in der
  ersten Auflage.
2 Das Leben der Pflanze, Kosmos, 1906.
3 Der neue Kurs in der Biologie. 1907.
4 Zool. Jahrb., Allg. Abt. 31, 1911.

vorher dem personalen Psychovitalismus zuneigte, im Jahre 1917 diesen wesentlich vertieft und durch Zulassung überpersönlicher seelischer Faktoren in ähnlicher Weise wie E. v. Hartmann bedeutsam erweitert. Es wird sich später zeigen und ward wohl auch schon aus der ersten Auflage der „Philosophie des Organischen" klar, daß ich in den Ergebnissen durchaus mit E. Becher gehen kann, wenn auch mein methodischer Weg ein anderer, und zwar ein weit umständlicherer ist. Denn ich kann, solange Wissenschaft, d. h. Logik im weitesten Wortsinne geschrieben wird, nicht zulassen, daß „Seelisches" im eigentlichen Sinne in die *Natur* hineinspiele. Erst auf metaphysischem Boden kann ich das. Übrigens hat sich E. Becher von der Paulyschen ziemlich groben Vermenschlichung der bei der Formbildung tätigen „seelischen" Kräfte in hohem Maße ferngehalten[1].

Die amerikanischen Zoologen Child und Holmes neigen wie Pauly dazu, alles Formbildungsgeschehen in Anpaßungen und in ein Probieren aufzulösen, die vorzüglichen „Trial and error"-Untersuchungen ihres hervorragenden Landsmannes H. S. Jennings über tierische Bewegungen dabei verwertend. Sie spielen sehr bedeutsame Dinge auf ein Gebiet hinüber, für das sie nicht passen. Die eigentliche vitalistische Frage steht bei ihnen in zweiter Linie und wird nicht in Klarheit entschieden.

Nach Analogie der „Handlung", ohne die falsche Auflösung alles Formgeschehens in Anpassungen mitzumachen, faßt die morphogenetischen Leistungen auch der russische Zoologe Eugen Schultz in seinem lesenswerten Buche „Prinzipien der rationellen vergleichenden Embryologie" (1910) auf. Da er unter dem

---

1 Hierher auch Strecker, Das Kausalitätsprinzip in d. Biol., 1907. Dazu meine Erörterungen in Arch. Entw. Mech. 25, 1908, S. 421.

Worte „Handlung" tatsächlich etwas versteht, was besser „Instinktleistung" heißen sollte, können wir ihm mehr als einem der vorher Genannten, mit Ausnahme E. Bechers, in der Sache weitgehend recht geben.

M. Hartog[1] endlich, auf den wir sogleich noch einmal zu sprechen kommen, vertritt im Anschluß an den auf S. 165 genannten S. Butler einen Psychovitalismus. Er definiert scharf die Begriffe „Maschine", „Mechanismus", „Automaton", „Organismus", sagt mit Recht, daß Butler dem Psychovitalismus eigentlich schon alles vorweggenommen habe, und glaubt, ebenfalls mit Recht, nicht, daß eine „Mnemelehre", wie die Semons, auf mechanistischem Boden überhaupt möglich sei: Sein Psychismus ist weit weniger vermenschlicht als der Paulys.

Damit sei es genug an „Psychovitalismus". Gerade er unter allen vitalistischen Formen fängt an „modern" zu werden; man findet ihn gerade in seinen schwächsten Formen schon in den Tagesblättern.

E. Der Ausbau des vitalistischen Systems.

a) Neue Tatsachen zur Grundlegung.

Neue tatsächliche Stützen der Lehre von der Lebensautonomie sind von hervorragender Wichtigkeit. Nicht, als ob der sie brauchte, welcher das bereits vorliegende, die sachliche Grundlegung des Vitalismus ausmachende Material gründlich durchdacht hat und durch seine Wucht endgültig zum Gegner des Mechanismus geworden ist; aber auf noch nicht gewonnene Kreise wirkt gerade das neue Tatsächliche.

---

1 Problems of Life and Reproduction, 1913

Viel gibt es da nun leider nicht; die lange Unterbrechung ruhiger Arbeit durch den Krieg mag mit daran schuld sein.

M. Hartog[1] sieht schon in der Zellteilung ein Phänomen, das mechanischer Auflösung spottet. Eine polare Kraft sei am Werk, die sich keiner der bekannten Kräfte der Physik zuordnen läßt. Tischler hat sich ähnlich geäußert, ebenso Uexküll.

Bedeutsam sind gewisse Deutungen von Formbildungstatsachen, die sich an die Gedankengänge Nolls, deren wir auf S. 180 gedachten, anschließen. Der früh verstorbene Zoologe Prowazek[2] ist bei seinen Studien über die Regeneration der Algen zu der Überzeugung gekommen, daß hier von vorgebildeten Strukturen nicht die Rede sein könne, daß auch die Heranziehung des Begriffes der Oberflächenenergie zu einer Erklärung nicht genügt. Er führt den Begriff einer „Spezifität der Morphe" als etwas Irreduzibles ein.

Der russische Zoologe A. Gurwitsch[3] hat hier noch tiefer gedacht. Neben die Determination einzelner bestimmter Zellen zu bestimmtem Schicksal stellt er im Rahmen der Embryologie den Prozeß der Normierung, welche der Leistung der einzelnen Zelle dem „Zufall" überläßt und nur der Gesamtheit der Zellen einen Plan vorschreibt, nach dem sie zu wirken haben. Vermöge dieses Planes einpfindet jede Zelle, was sie jeweils zu tun hat. So kommt er zum Begriff der „präformierten Morphe", und zwar müsse sie als „dynamisch präformierte Morphe" gedacht werden. Man sieht die Verwandtschaft mit Nolls „Morphästhesie" wie auch mit meinem Entelechiebegriff.

---

1 Arch. Entw. Mech. 27, wo weitere Literatur.
2 Biol. Zentralblatt 27, 1907; Arch. f. Protistenkunde 30, 1913.
3 Arch. Entw. Mech. 30, 1910; 32, 1911; 39, 1914; Biol. Zentralbl. 32, 1912.

Ungerer hat die „Regulationen der Pflanzen" (1919) in sehr gründlicher Weise unter dem Gesichtspunkt der Ganzheit und Ganzheitbezogenheit („Teleologie") analytisch untersucht.

Seine Klassifikation aller Phänomene ist ausgezeichnet, seine Begriffe sind scharf. Erwähnt sei an dieser Stelle nur, daß er im Anschluß an meine neuere Begriffsschematik „Regulation" als Ganzheitswiederherstellung, „Harmonie" als Ganzheitsherstellung definiert. Ich selbst hatte in der ersten Auflage der „Philosophie des Organischen" auf S. 107ff. das Wort „Harmonie" in engerem Sinne verwendet. Zur Frage des eigentlichen Vitalismus nimmt Ungerer nicht Stellung.

In der zweiten Auflage meines eben genannten Werkes habe ich (S. 179f.) die Aufmerksamkeit besonders auf die bei pflanzlichen Adaptationen und Restitutionen in Frage kommenden histologischen Vorgänge gelenkt, zumal auf die Potenzen der bei ihnen in Frage kommenden sog. „embryonalen" oder durch Entdifferenzierung embryonal werdenden Zellen; ich führte als neu den Begriff des „adaptiv-histologisch-äquipotentiellen Systems" ein.

b) Logischer Ausbau.

In der ersten Auflage der „Philosophie des Organischen" war die logische Fundierung des Begriffes Entelechie noch unbefriedigend gewesen[1]. In einer im 16. Bande der „Kantstudien" veröffentlichten Arbeit konnte ich nun zeigen, daß man eine Kategorie „Individualität" oder auch das Begriffspaar „Das Ganze und die Teile" geradezu kantisch aus der „Urteilstafel", die sich allerdings einer kleinen Reform unterziehen muß, „deduzieren" kann. Wichtiger noch war mir die 1912 in

---

[1] Siehe oben, S. 185.

der „Ordnungslehre"[1] geführte Ableitung der vier apriori möglichen Formen der Kausalität aus dem Begriffe „Kausalität" und aus den letzten Voraussetzungen alles Wissens um Naturdata überhaupt heraus. Zu diesen vier Kausalitätsformen gehört auch die vitalistische. Mehr als diese vier Formen kann es nicht geben. Später habe ich in einer kleinen Studie[2] in ähnlicher Weise die apriori möglichen Formen von „Entwicklung" abgeleitet und diesen Begriff überhaupt eingehend untersucht. In einer Fortsetzung dieser Studie[3] wurde diese Untersuchung weitergeführt. Alle meine neueren Untersuchungen sind ganz und gar gegenständlich und gar nicht mehr subjektivistisch gegründet: der Begriff „Teleologie" wird der Psychologie überwiesen; die Begriffe *Ganzheit* und *ganzheitbezogen* nehmen in der Naturlehre, also auch in der Biologie, seine Stelle ein.

Doch dienten die beiden soeben genannten kleineren Arbeiten nicht nur dem erwähnten Zweck

Ich rollte erstens in ihnen auch die Frage der Kriterien des Vitalismus von neuem in logischer Strenge auf und diskutierte das Problem der harmonischen Äquipotentialität wie ein Problem der analytischen Mechanik, um den „Mechanismus" hier nicht nur unwahrscheinlich, sondern ganz und gar unmöglich zu machen. Ich behandelte zweitens das Problem, wie Entelechie auf Natur wirken könne, aufs neue, und fand neben der alten Suspensionstheorie[4] eine neue Möglichkeit, die „Theorie der realisierten Bedingungsgleichungen".

---

1 S. 173ff.
2 Log. Stud. über Entw. in Sitzungsber. Akad. Heidelberg, 1918, Nr. 3.
3 Log. Stud. über Entw., Zweiter Teil, ebenda, 1919, Nr. 18.
4 Siehe oben S. 185

In meiner „Wirklichkeitslehre" (1917) endlich, in der ich einen „metaphysischen Versuch" wagte, habe ich unter dem Begriff der *Ganzheit* alle Überpersönlichkeitsprobleme, also Phylogenie und Geschichte, ganz eingehend behandelt.

Nachdem ich einmal Metaphysiker geworden war, ja, das „Wirkliche" mit dem Quale des *Wissens* ausgestattet hatte, durfte ich nun auch den aus der Logik verbannten Begriff der *Teleologie* im eigentlichen Sinne wieder gebrauchen. Als Metaphysiker bin ich also, wenn man so will, auf großen Umwegen auch „Psychovitalist" geworden, freilich durchaus nicht in einer menschlichen oder allzu menschlichen Form. Aus der Logik und der eigentlichen Wissenschaft bleibt mir aber der Teleologiebegriff nach wie vor verbannt; hier tritt der Begriff „ganzheitsbezogen" an seine Stelle.

Die kleine Schrift „Der Begriff der organischen Form" (1919) und in Ausführlichkeit die zweite Auflage meiner „Philosophie des Organischen" (1921) geben mein System in seiner heutigen Gestalt vollständig wieder. Ganz neu ist in dieser zweiten Auflage die Erörterung des dunklen „Problems der Zahl der Entelechien" hinzugekommen. –

Es ist hier der Ort, einer Polemik zwischen mir und den amerikanischen Forschern Jennings und Lovejoy zu gedenken, die nicht unwesentlich zu einer Klärung gewisser vitalistischer Streitfragen beigetragen hat. Jennings ist allen Biologen durch seine ausgezeichneten Experimentaluntersuchungen über die Bewegungen niederer Organismen und durch sein im Jahre 1906 erschienenes zusammenfassendes Werk *Behavior of the lower Organismus* rühmlich bekannt; Lovejoy ist Philosoph.

Jennings hatte sich schon in früheren sachlichen Arbeiten zu meinem Vitalismus halb zustimmend, halb ablehnend geäußert. In der eigentlichen Polemik ist ganz klar geworden, was er meint[1].

Die Polemik nimmt ihren Ausgang vom Begriff der Determiniertheit. Ich hatte mich in meinem Hauptwerke, in einer kleineren Studie[2] und auch in ausführlichen Briefen gegen einen „absoluten" Indeterminismus ausgesprochen, wohl aber für das, was meine amerikanischen Kollegen „experimental indeterminism" genannt haben. Ich sage: weil die Kräfte der materiellen Teile nicht das einzige sind, was ein lebendiges System beherrscht, so kann aus noch so vollständiger Kenntnis der materiellen Struktur eines solchen Systems grundsätzlich nie vorausgesagt werden, was an ihm geschehen wird. Nun weiß man freilich praktisch trotzdem, daß ein Hühnerei ein Huhn geben wird, weil es eben von einem Huhne stammt und weil der Satz „Ei von A gibt A" als Gesetz gilt; aber wenn eine evolutive Phylogenese angenommen wird, ist dieser praktisch gültige Satz nur ein solcher von Wahrscheinlichkeit. Obwohl also in der Sache Determinismus als bestehend gedacht wird, besteht der Voraussagbarkeit nach für den Experimentator in Strenge kein solcher.

Jennings hat dann behauptet, mein Vitalismus behaupte das Eingreifen von „non-perceptual agents". Die Annahme solcher sei aber unnötig, da auch im Reiche des Lebendigen „diversities are determined by antecedent physical and material diversities".

Aber das ist doch gar nicht die vitalistische Urfrage.

Daß bestimmte an einem lebendigen System gesetzte materielle *(„perceptual")* Veränderungen bestimmte sich

---

1 Vgl. von Jennings die Aufsätze in American Naturalist 1913 und Johns Hopkins University Circular 1914, von Lovejoy die Artikel in Science 1909, 1911 und 1912.

2 Hierzu meinen Aufsatz in Logos IV, 1911.

materiell *(„perceptual")* äußernde Reaktionen an diesem System zur Folge haben, ist doch nie geleugnet worden. Alles Experimentieren beruht ja doch auf dem Nachweis solcher perzipierbaren Veränderungsverkettungen. Und es gibt – (wenn wir davon absehen, daß die Phylogenie gerade einen „Schritt" tun möchte!) – gut gekannte Gesetze, freilich sehr „ramsch"-artiger Art für sie. „Schneide dem Wurm den Kopf ab, und er regeneriert ihn" – das ist so ein „Gesetz".

Die vitalistische Urfrage ist vielmehr diese: Ist das, was da gesetzlich und determiniert geschieht, abzuleiten aus einer Kenntnis der Lagen, Geschwindigkeiten und Kräfte aller das System konstituierenden materiellen Letztteile zur Zeit t?

Und diese Urfrage muß ich verneinen. Auf meine Verneinung der Urfrage aber gründe ich, um noch einmal mit J. A. Thomson zu reden, den Satz, daß es *„two sciences of nature"* gebe. Denn für alle unbelebten Systeme kann jene Frage bejaht werden.

Seltsamerweise sagen nun Jennings und Lovejoy beide, jene Voraussage des Künftigen aus Kenntnis der Lagen, Geschwindigkeiten und Kräfte aller materiellen Elemente zur Zeit t sei nie möglich, auch im Unbelebten nicht. Ich meine, im strengen Sinne kann das der Vertreter einer Materientheorie nicht zugeben; es kann sich ihm höchstens um ein „noch nicht" handeln.

Im Vitalen aber handelt es sich um ein „grundsätzlich nicht".

Jennings gibt am Schlusse seiner letzten Studie zu: The phenomena of life include phenomena not found in the non-living.

Um was denn also dreht sich eigentlich der Streit? Es klingt seltsam, aber mir scheint, er habe sich jetzt im Grunde zu der gänzlich unbiologischen Frage verdichtet:

Sind alle unbelebten Systemgeschehnisse aus vollständiger, aus „astronomischer" Kenntnis[1] der in Frage stehenden Systeme ableitbar? Meine amerikanischen Kollegen verneinen diese Frage. Soll ich daraus den Schluß ziehen, daß die gewissermaßen „Vitalisten", oder sagen wir „Autonomisten" schon für das Unbelebte sind?

Ich könnte da nicht mitgehen und muß strikte bei den „two sciences" bleiben — trotz allem absoluten Determinismus.

c) J. v. Uexküll.

Ein Anhänger der Lehre von der weltwesentlichen Bedeutung der organischen Einheit und Zweckmäßigkeit ist Uexküll von jeher gewesen; aber in seinen jüngeren Jahren, in welche die grundlegenden „Studien über den Tonus" fallen, begnügte er sich mit der Erkenntnis der organischen Teleologie überhaupt und nahm zum eigentlichen Vitalismus keine ausgeprägte Stellung. Seine zusammenfassenden Werke „Leitfaden in das Studium der experimentellen Biologie der Wassertiere" (1905) und „Umwelt und Innenwelt der Tiere" (1909, 2. Auflage 1921) stehen auch noch auf diesem Standpunkte.

Das Wort „Biologie" nimmt Uexküll nicht in dem heute üblichen weiten Sinne einer Lehre vom Lebendigen überhaupt, sondern er nennt „biologisch" jede Untersuchung, welche in irgendeinem Sinne den Organismus als Ganzheit nimmt. Der Begriff des Bauplans spielt eine große Rolle schon in seinen früheren Untersuchungen; ebenso der Begriff Umwelt als Gesamtheit der dem Organismus auf Grund seiner spezifischen Zugänglichkeit für Reize bedeutungsvollen Gegenständlichkeiten. Jede organische Spezies hat auf Grund

---

1 Der Ausdruck von E. du Bois-Reymond.

ihres Baues eine andere Umwelt: „Der Bauplan schafft in weiten Grenzen selbsttätig die Umwelt des Tieres."

In zwei im Jahre 1920 erschienenen Büchern, den „Biologischen Briefen an eine Dame" und seinem Hauptwerk, der „Theoretischen Biologie", hat sich nun aber Uexküll rückhaltlos zum echten Vitalismus bekannt. Sein Gebiet ist die „Biologie" in seinem Sinne. Die „Physiologie" nämlich untersucht die auf Grund von schon bestehenden Gefügen nach „Funktionsregeln"" erfolgende „"Zwangsläufigkeit" der Organismen, die „Biologie" ihre durch „Entstehungsregeln" nicht mechanischer Art verwirklichte „Planmäßigkeit". Am Protoplasma haftet, in im einzelnen unbekannter Weise, der die Entstehungsregel verwirklichende lenkende Faktor. Schon bei Einzelligen lenkt er die Bildung und Wiedervernichtung der von ihnen nur auf Zeit und nach Bedürfnis gebildeten Organe, bei höheren Wesen wirkt er sich in allem Regulativen aus; bei der echten Handlung greift er ins Zentralnervensystem ein. Er macht Maschinen, auf Grund von deren Bau dann alles mechanisch abläuft, solange dieser Bau existiert. Aber der Bau kann eben in unmechanischer Weise verändert werden. Nie ist die Baufolge im Material gegeben. Ein Lenker ist da; und er ist „weiser", als bewußtermaßen das Tier ist; er kennt die Gesetzlichkeit der Welt, welche das Tier nicht kennt; er leistet die „Einpassung" des Tieres in die Welt. Man sieht, wie hier das übliche Wort „Anpassung" durch ein treffenderes ersetzt wird. Ebenso wird von Uexküll mit Rücksicht auf die Embryologie „Ver"wicklung statt Entwicklung gesagt; denn in der von ihm durchaus epigenetisch gefaßten Embryologie wird ja in der Tat alles immer verwickelter.

Doch wir wollen nicht noch mehr über das Werk sagen, welches der Leser unbedingt selbst in die Hand nehmen muß.

F. Die moderne Psychologie.

Die Mechanisten müssen, wenn sie konsequent sein und kein Loch in ihrer Lehre lassen wollen, die Lehre vom psycho-physischen Parallelismus annehmen, die Vitalisten müssen sie ablehnen. Das wissen wir schon, und wir wissen auch, daß psycho-„physischer" Parallelismus hier soviel wie psycho-mechanischer Parallelismus heißt. Die Entelechie als Naturfaktor von der „anderen Seite" ein „Seelisches" sein zu lassen, wie in verschiedener Weise E. v. Hartmann und ich das getan haben, das ist natürlich etwas ganz anderes, obschon es, da ja Entelechie zur „Natur" gehört, natürlich auch ein psycho-„physischer"' Parallelismus ist.

Der übliche, der psycho-mechanische Parallelismus wird also von den vitalistischen Biologen aus biologischen Gründen durchbrochen. Der „Mechanismus" ist eben nicht da.

Nun hat die neuere Psychologie aber auch von der psychischen Seite her dem üblichen Parallelismus den Tod gegeben; denn das, was er auf dieser Seite braucht: ein reines Assoziationsgetriebe als letzte Gesetzlichkeit des Innenlebens, das ist auch nicht da.

Die gesamte, sich ursprünglich an die Namen Külpe und Marbe knüpfende Denkpsychologie ist Gegner des üblichen Parallelismus, ebenso sind das die Phänomenologen, in erster Linie also Husserl und Scheler, ebenso der „Entwicklungspsychologe" Krüger.

Konfrontiert worden; wie man wohl sagen könnte, ist Mechanisches und Psychisches, so wie es wirklich ist — (also nicht, wie es nach den Assoziationstheoretikern „sein sollte") —, von Bergson[1], Mac Dougall[2],

---

1 Matière et Mémoire.
2 Mind and Body (1911).

E. Becher[1] und mir selbst[2].

Der Bautypus und der „Grad der Mannigfaltigkeit" sind für das Mechanische und das Psychische ganz und gar verschieden, deshalb können beide nicht, um mit Spinoza zu reden, *una eademque res, sed duobus modis expressa* sein.

So hat sich also der Widerlegung des üblichen Parallelismus auf dem Gebiete der Naturlehre, d. h. dem durch Ludwig Busse in seinem Werke „Geist und Körper, Seele und Leib", durch mich selbst in meiner Schrift über die „Seele" als Naturfaktor geführten Nachweis[3], daß, rein als Naturphänomen betrachtet, der handelnde Mensch kein Mechanismus sein könne, zugesellt die Widerlegung jener Lehre vom Psychischen her: ein sehr erfreuliches Ergebnis und eine große Stütze der vitalistischen Lehre überhaupt, wenn auch natürlich eine Parallelismuswiderlegung den Vitalismus zunächst nur für den handelnden Menschen begründet.

G. Ausblicke.

Es ist zu hoffen, daß der Vitalismus einerseits seine auf empirische Sachverhalte gebauten Grundpfeiler immer mehr verstärkt, andererseits die Theorie des Entelechiebegriffs immer tiefer und feiner ausarbeitet. Aber jene von der Zukunft erhofften neuen Sachverhalte werden doch, solange die Biologie in ihrem heutigen Rahmen bleibt, voraussichtlich immer nur solche Dinge bringen, die mit dem, was man schon kannte, nahe Verwandtschaft haben. Es wird da kaum große Überraschungen geben; zumal deshalb nicht, weil die Zahl der Organismen, insbesondere der tierischen, mit denen

---

1 Gehirn und Seele (1911).
2 Leib und Seele (1916, 2. Aufl., 1920).
3 Beide Werke vom Jahre 1903.

man experimentieren kann, äußerst beschränkt ist.

Nun scheint aber endlich „Wissenschaft" zu werden ein Gebiet, auf dem man bisher nur kasuistische Feststellungen gemacht hat, auf dem man mehr ahnte als wußte: das Gebiet der Parapsychologie und der Paraphysik, also das, was leider immer noch „Okkultismus" heißt, obschon es sich, wie mir scheint, durchaus nicht mehr um etwas „Verborgenes" handelt.

Ich habe es schon an anderen Stellen ausgesprochen und tue es hier ausdrücklich wieder, daß ich, leider ohne schon über viel eigene Erfahrungen zu verfügen, durch Lektüre und durch persönliche Mitteilungen von Kollegen und Schülern von der Tatsächlichkeit der Phänomene, welche Telepathie, Gedankenlesen, räumliches Hellsehen, „Psychometrie" und Materialisation heißen, überzeugt bin. Man darf doch nicht immer nur sich selbst für „kritisch" halten, und man glaubt doch auch einem tüchtigen Chemiker, wenn er uns sagt, daß diese seltene Verbindung diese Konstitutionsformel habe.

Die Parapsychologie geht uns hier nichts an[1], um so mehr die Paraphysik[2]. Wenn das richtig ist, was in den letzten Jahren Schrenck-Notzing, Crawford, Geley, Grunewald gefunden haben – um von älteren Autoren, die aber auch höchstwahrscheinlich weder „Schwindler" noch „Idioten" waren, abzusehen –, wenn das richtig ist, und ich sehe keinen Grund, seine Unrichtigkeit anzunehmen dann haben wir, um es etwas plump;, aber, wie ich glaube, sachgemäß auszudrücken, so etwas wie

---

1 Man lese die Proceedings der Society for Psychical Research, zunächst wenigstens die Arbeiten von Hodgson und James in Vol 13 und 23. Man lese ferner die Werke von Tischner, Wasielewsky und Oesterreich.

2 Zur ersten Orientierung: Schrenck-Notzing, Physikalische Phänomene des Mediumismus.

einen Übervitalismus geradezu vor Augen, dann brauchen wir unsere umständlichen Beweisgänge eigentlich gar nicht mehr, um uns von der „Autonomie" des Lebendigen zu überzeugen.

Wir sagen es offen: Die Paraphysik ist unsere Hoffnung in Sachen der Biologie, ebenso wie die Parapsychik unsere Hoffnung in Sachen der Psychologie ist. Beide aber sind unsere Hoffnung in Sachen einer wohlfundierten Metaphysik und „Weltanschauung".

Namenverzeichnis

Albrecht 178.

Aristoteles **8-18**, 21-25, 27, 30, 38, 45f, 55, 62, 88, 184.

Arrhenius 194.

Auerbach 194f.

Autenrieth 94, 103f., 124.

Baer 108f., 147ff.

Becher, E. 199f., 211.

Becher, S. 199.

Bechterew 196

Bergson 160, 181ff., 196, 210.

Bernard 21, 57, 120, 123, **128-133**, 176.

Bichat 58f, 89, 103, 129.

Blumenbach 33, **54-62**, 77f., 105, 121f., 129, 131, 140, 148, 151.

Boerhaave 21.

Boltzmann 157, 167.

Bonnet 31, 33, **46-51**, 53f.

Borelli 21.

Boussinesq 166f.

Braun, A. 179.

Büchner, L. 134.

Bütschli 69, 190f., 192.

Buffon 33, **37-41**, 48, 52, 105, 107.

Bunge 152f.

Burckhardt, R. 88.

Burdach 106ff.

Busse 160, 211.

Butler, S. 165, 201.

Carus, V. 88.

Cassirer 186.

Child 200.

Comte 119.

Cope 164.

Cossmann 177f.

Crawford 212.

Cuvier 89.

Darwin 38, 88, 134, 136, 164.

Demokrit 17, 27.

Descartes **20**f, 34, 39f, 62, 107, 157.

Dreyer 192, 195.

Driesch 173ff., **180-183**, 188, 200ff., 206f.

Du Bois-Reymond, E. 38ff., 141, 167, 169, 175f.

Dühring 19.

Ehrhardt 172f.

Eimer 164.

Epikur 16, 26.

Ernst, W. 85.

Fabricius ab Aquapendente 24, 148.

Fichte 107.

Fischel 195.
Francé 199.

Galilei 18.
Geley 212.
Gemelli 195.
Goethe 51, 89.
Goette 146, 158, 176.
Goltz 159
Grégoire 195.
Grunewald 212.
Gurwitsch 202.

Haeckel 136.
Haldane 193.
Hales 21.
Haller, A. v. 31, 33, 46, 48, **50–57**, 59.
Hamann 164.
Hamm 31.
Hanstein 149f.
Hartmann, E. v. 101f., **154-158**, 160, 162, 179, 200, 210.
Hartmann, N. 186.
Hartog 201f.
Hartsoeker 35.
Harvey **18- 26**, 30, 45, 61, 148.
Hegel 15, 87f., 90f., 117, 136, 154.
Helmholtz 141, 157, 194.
Helmont 21f., 27, 30.
Henderson 193.
Henle 19.
Herbart 115.

Herbst 195.
Hering 102, 143.
Hertwig 195.
Hertz 116, 167.
His 23, 25, 42, 51, 137, 145f, 149.
Hobbes 20.
Hodgson 212.
Höfler 167.
Hoffmann, F. 31.
Holmes 200.
Humboldt, A. v. 90.
Husserl 210.

James 212.
Japp 168.
Jennings 194, 206ff.
Jensen 190.

Kant 34, 54, **62-87**, 90, 96, 98, 111, 118f., 128, 130, 177, 185ff.
Kattowitz 197.
Kelvin 157, 167.
Klebs 190f.
Koelliker 164.
Kroner 186.
Krüger 210.
Külpe 186, 210.

Lamarck 98, 198.
Lang 128.
Leeuwenhoek 31, 33, 39.
Leibniz **33- 37**, 46, 49, 62, 131, 188, 193.
Liebig **115**ff, 129.

Liebmann 157f.
Lodge 167.
Loeb, J. 193.
Loew 197.
Losacco 91.
Lotze 57, 65, 104, 109,
    114, **123-128**, 132,
    143, 159, 171f., 176.
Lovejoy 205ff.
Ludwig (Botaniker) 45.
Ludwig, K. 141.

Mac Dougall 211.
Mach 19, 45, 130, 151.
Mackenzie 195.
Magendie 109.
Malpighi 31, 33.
Marbe 186, 210.
Maupertuis 33, 37.
Maxwell 116, 157, 194.
Mayer, R. 133.
Metzger 91.
Moleschott 134.
Montgomery 162ff.
Morgan, Lloyd 192.
Morgan, T. H. 195.
Moszkowski 195.
Müller, J. 26, 96, 102, **110-
    115,** 125, 128, 141,
    143, 158.

Nägeli 164.
Needham 31, 33, **37**f., 45,
    93, 107f.
Neumeister 196.
Newton 19, 46, 76.

Noll, A. 103.
Noll, F. 180, 202.

Österreich 212.
Oken **92**ff., 107.
Ostwald 116, 184, 196f.

Pander 108.
Pauly **198**ff., 200f.
Pflüger 159,197.
Platon 17, 88, 90.
Preyer 194.
Prowazek 202.

Rádl 46, 88.
Réaumour 32, 34.
Reil **94**ff., 99, 105, 107,
    112, 124, 160.
Reinke 178f.
Rhumbler 192.
Rickert 187.
Rignano 192.
Rindfleisch 149, 152.
Rostan 176.
Roux 61, 137, 170.
Russell, E. S. 196.

Samassa 42, 46.
Schaxel 191.
Scheler 186, 210.
Schelling 87f., **90**f., 107,
    117f., 124
Schmitz-Dumont 195.
Schneider, K. C. 197f.
Schopenhauer 62, 102,
    108, **117**f., 136, 151,

154.
Schrenck-Notzing 212.
Schultz, E. 199f.
Schultz, J. 187ff.
Semon 192, 201.
Snell 146.
Spallanzani 32, 33, 34, 42, 54, 92, 111.
Spencer 164.
Spinoza 182, 211.
Stahl, G. E. 22, **26-31**, 40, 46, 51, 53, 61, 81, 95, 98, 103, 107, 111, 125f.
Stenta 46.
Stern, W. 194.
Strecker 200.
Strunz 21.
Swammerdam 31, 34, 46, 50.

Tait 167.
Thompson, d'Arcy W. 192, 195.
Thomson, J. A. 196, 207.
Tiedemann **104**ff., 110.
Tischler 202.
Tischner 212.
Trembley 32, 34, 50.
Treviranus **96 – 105**, 112, 113, 124.
Tschermak, A. v. 195.

Uexküll 202, **208**f.
Ungerer 87, **203**.

Vahinger 187.
Verworn 189f., 197.
Virchow 148.
Vogt, C. 134.
Vries, H. de 134, 163.

Wagner, A. 199.
Wagner, R. 109.
Wasielewsky 212.
Weismann 50, 164, 186.
Whitman 47, 49.
Wiesner 164.
Wigand 136, **150**ff., 164, 175.
Windelband 63.
Wolff, C. F. 32, 33, **42-45**, 47, 50f, 59, 61f, 124, 129, 131, 140.
Wolff, G. 61, 120, 173ff, 178, 198.

Wundt 114.

Zöllner 152.
Zur Strassen 190.